农林经济管理创新创业
实训教程

谢彦明　张连刚　主编

内容简介

为适应新时代乡村振兴对复合应用型农林人才培养的要求，实现"建设一流本科、做强一流专业、推出一流金课、实施一流认证、打造一流师资、培养一流人才"的目标，顺应创新、创业"双创"教育的趋势，加快建设发展新农科，满足乡村振兴和生态文明建设的人才需要，特编写《农林经济管理创新创业实训教程》。该教程依托西南林业大学经济管理省级虚拟仿真实验教学中心，整合学院各专业实习实训课程，按照创业创新案例、创业商机识别、创业商业模式、创业项目论证、创业模拟运营、创业生存与成长的逻辑展开章节的编排，从创新创业的过程化和精益化视角诠释了知业、创业、兴业、守业再到创业的全生命周期。

图书在版编目（CIP）数据

农林经济管理创新创业实训教程 / 谢彦明，张连刚主编
— 北京：中国林业出版社，2021.6
ISBN 978-7-5219-1154-1

Ⅰ.①农… Ⅱ.①谢… ②张… Ⅲ.①农业经济管理—实验—高等学校—教材 Ⅳ.①F302-33

中国版本图书馆CIP数据核字（2021）第087495号

策划、责任编辑：高红岩　曹鑫茹	责任校对：苏　梅
电　　　话：（010）83143554	传　　真：（010）83143516

出版发行	中国林业出版社（100009　北京市西城区德内大街刘海胡同7号） E-mail: jiaocaipublic@163.com　电话：（010）83143500 http://www.forestry.gov.cn/lycb.html
经　　销	新华书店
印　　刷	北京中科印刷有限公司
版　　次	2021年6月第1版
印　　次	2021年6月第1次印刷
开　　本	787mm×1092mm　1/16
印　　张	12.5
字　　数	290千字
定　　价	39.00元

未经许可，不得以任何方式复制或抄袭本书之部分或全部内容。

版权所有　侵权必究

编写人员名单

主　编　谢彦明　张连刚

副主编　高云霞　李　娅
　　　　　廖灵芝　周　锐

参　编（以姓氏笔画为序）
　　　　　王　见　刘晓东
　　　　　张　雪　罗小娟
　　　　　柳　娥　潘　立

云南省一流本科专业（农林经济管理）建设点项目
云南省研究生导师团队（农林经济管理）项目
农业经济理论与绿色发展研究生教学案例库项目

前言

西南林业大学经济管理学院农林经济管理专业是学校的传统优势学科，2014年被列为第一批国家复合应用型农林人才培养模式改革试点，2015年被增列为国家林业局重点学科，2020年入选"双万计划"首批省级一流本科专业，是云南省培育建设学术博士学位授权点。为做强一流本科、建设一流专业、培养一流人才，构建适应农村现代化和乡村振兴需要的复合应用型农林人才培养体系，顺应创新、创业即"双创"教育的趋势，满足云南省高原特色现代农业紧缺的应用型人才需要，依托西南林业大学经济管理省级虚拟仿真实验教学中心，按照"以人为本，德育为先，能力为重，全面发展"的总体要求，秉承"知识为基础、能力为核心、素质为目标"的复合应用型人才培养理念，在培养方案优化、课程体系调整、学分制管理升级、多级实践教学平台构建和导师团队引领等方面进行了卓有成效的探索。农林经济管理创新创业实训教程正是在这一背景下应运而生，是经济管理学院全体师生在复合应用型人才培养领域多年心血的凝结。

教程聚焦懂农业、爱农村、爱农民即"一懂两爱"的乡村振兴人才培养，依托西南林业大学经济管理学院本科培养方案的课程实习、专业模块实习和专业综合实习，聚焦创新创业过程的重点领域和关键环节，创新性地打通了不同专业学科方向的壁垒，为学院本科生和专业硕士研究生接触真实商务环境、营造商业虚拟环境和企业生产运营模拟打造了一本系统化、集成化的实践实训专业性指导用书。一方面，期望将学院农林经济管理复合应用型人才培养实践探索的成果向全国农林院校同仁展示，以期获得批评、指正和提升；另一方面，期望将教师的实习指导经验进行归纳、总结、规范，以提升实验实训课程的指导效果。

教程基于创新创业的过程化视角，以"三农"项目为主要分析对象，综合运用经济学、管理学、金融学、项目管理和电子商务的相关知识、理论与技术，按照创新创业案例赏析、创业商机识别、商业模式解析、创业项目论证、创业模拟运营和创业生产与成长的逻辑，全方位、全过程为学生营造了创新创业实训的模拟情境，在实践实训中"学中干""干中学"，切实提高了学生学以致用的综合素质和能力。教程具有以下显著特征：

（1）紧扣大纲，指导性强。教程紧紧围绕西南林业大学经济管理学院2018版农林经济管理专业、农村区域发展、工商管理、电子商务、经济学、经济与金融、会计学以及财务管理等专业培养方案和各专业实习模块和综合实习模块教学大纲的要求进行编写，是学院各专业教师科学和规范指导专业模块和综合实习实验实训的教程。

（2）模块设计，相辅相成。教程各章各节独立成章成节，可以单独作为相关课程章节知识点的展现、复习和应用；同时，不同章节的知识点之间又相辅相成，围绕创新和创业的商机识别、创业体验、项目论证、模拟运营、生存成长的全过程循序渐进展开章节的安排和编写。

（3）学以致用，触类旁通。教程以学以致用为根本遵循，在章节的编写中力求对理论与方法的应用，依托学院的软硬件条件，为学生充分营造实习实验实训的真实案例情境和模拟操作情境，让学生在"干中学"和"学中干"，不断提升学生知识、理论和方法应用技能。

教程由谢彦明、张连刚任主编，高云霞、李娅、廖灵芝、周锐任副主编。主编、副主编主要负责教程编写的策划、编写、校稿和协调等相关工作。具体编写分工如下：第1章由谢彦明、张雪编写，第2章由周锐编写，第3章由谢彦明编写，第4章由柳娥编写，第5章由潘立编写，第6章由廖灵芝、罗小娟编写，第7章由谢彦明、王见和刘晓东编写。

教程秉承创新创业的过程化和精益化视角，基于西南林业大学经济管理学院"双创"的典型案例，对农林经济管理及其相关专业的实验实训的教学改革进行有益的探索和尝试，可以作为相关院校课程实习的教程或参考。

由于编者知识水平及理论造诣所限，教程难免存在不足，恳请各位同行和读者不吝赐教。

谢彦明

2020年10月

目录

- 前言

- **第 1 章　创新创业案例赏析 / 1**
  - 1.1　润土帮帮追梦记 / 2
  - 1.2　农人茶坊：山那边的古茶树，两个人的小茶坊 / 3
  - 1.3　农人茶坊："九辈人"的传承，一代人的创新 / 7
  - 1.4　青苹果文化：逆风的方向　更适合飞翔 / 8
  - 1.5　青苹果文化：流年无恙　光阴留香 / 11
  - 1.6　肆只猫咖啡：逆风飞扬的"猫"有 36 条命 / 14
  - 1.7　金诺教育：一诺千金　"化学王"的蝶变之路 / 16

- **第 2 章　创业商机识别 / 21**
  - 2.1　消费者食品安全问题与行为调查 / 22
  - 2.2　劣质农产品生产外部性的经济学实验 / 24
  - 2.3　比较优势实验 / 28
  - 2.4　互助互利实验 / 31
  - 2.5　生产效率的经济学实验 / 35
  - 附录　关于消费者食品安全意识与行为调查问卷 / 38

- **第 3 章　创业商业模式 / 41**
  - 3.1　食品安全、社区支持农业和中国农业生态化转型 / 42
  - 3.2　润土帮帮城乡互助消费合作社案例 / 45
  - 3.3　润土帮帮生产者调查分析 / 47
  - 3.4　润土帮帮消费者调查分析 / 52
  - 3.5　润土帮帮商业模式画布 / 53
  - 3.6　高质量推文制作与推送 / 58

附录 1　实习报告模板 / 67

附录 2　CSA 利益相关者之生产者（农户）调查问卷 / 69

附录 3　CSA 利益相关者之消费者调查问卷 / 73

第 4 章　创业项目论证 / 79

4.1　创业项目可行性分析 / 80

4.2　创业项目论证 / 84

4.3　校园水果店创业项目实施策划 / 91

附录　创业项目可行性报告模板 / 96

第 5 章　创业模拟运营 / 97

5.1　实训安排 / 98

5.2　教学导入 / 100

5.3　决策分析 / 106

5.4　经营战略决策 / 113

5.5　评价与总结 / 117

附录 1　实验教学大纲模板 / 120

附录 2　实验报告模板 / 124

第 6 章　创业生存与成长 / 131

6.1　行业环境和 SWOT 分析 / 132

6.2　产品确立和 STP 战略制定 / 132

6.3　产品品类界定及品牌定位设计 / 135

6.4　品牌符号系统设计实验 / 139

6.5　品牌传播与推广设计 / 141

附录 1　行业关键成功因素分析和 SWOT 分析方法 / 145

附录 2　STP 战略基础理论 / 151

附录 3　品类界定方法和品牌定位方法 / 158

附录 4　品牌符号设计相关知识点 / 160

附录 5　品牌名称和标志设计案例 / 162

附录 6　广告文案结构 / 165

附录 7　广告文案案例赏析 / 166

- **第 7 章　产教融合实验室建设的思考 / 169**
  - 7.1　经济管理学院实验教学中心现状 / 170
  - 7.2　经济管理虚拟仿真教学中心建设的经验 / 171
  - 7.3　经济管理虚拟仿真实验教学中心存在的问题 / 173
  - 7.4　产教融合创新创业开放式基地 / 174
  - 7.5　产教融合创新创业开放式基地保障措施 / 183
  - 附录　经济管理学院实验室基本情况 / 185

- **参考文献 / 186**

第 1 章

创新创业案例赏析

本章提要：本章基于我国乡村振兴、农业农村现代化与"互联网+"深度融合的宏观背景，以西南林业大学经济管理学院及其他学院毕业学生的创新创业故事为案例，提供全景式的"身边"创新创业故事，以启迪学生们创新创业的新思维、新理念、新营销、新组织和新模式，有效提升学生创新创业的意识、思维和行动的素养和能力。

1.1 润土帮帮追梦记

　　昆明市润土帮帮追求一条以城市消费者食品安全诉求为切入点，以农民为主体、合作为基础、改善生计为重点、生态农业为核心，以消费方式的转变带动生态农业转型的农村综合发展模式，推动城乡互助合作，不断培养投身乡村建设的人才的梦想。为使各位对润土帮帮有一个更全面的了解，下面给大家带来一段润土帮帮追梦记！

因何而梦

　　在全球社区支持农业（CSA）浪潮的推动下，西南林业大学经济管理学院农村区域发展专业学生尚有才、陶重任于2009年5月，创建了云南省第一家CSA组织——昆明润土绿色生计促进中心。从大学期间的思想萌发到相关知识的储备，再到具体步骤的实施，一行人始终秉持着促进农村发展，保证社会各参与者舌尖安全的理念艰苦奋斗，以实现农村社区可持续发展，润土帮帮应运而生。

苦涩的梦

　　梦总是有好有坏，有甜也有苦。创业初期，正逢云南四年大旱，社员纷纷下乡，帮扶农民解决缺水问题。在长期工作中，润土绿色生计促进中心对农村、农民、农业有了进一步的了解，并打下牢固的群众基础。后期，社员发现"外界的帮助，只能无限增长农民的欲望，形成依赖，应发展农民的自救意识"，随后润土绿色生计促进中心开始转向诱发村民的自救意识，将致富目标锁定在生态农产品上。

　　2010年8月，催生了云南省第一家社会企业——昆明帮帮健康生活馆，践行城乡互助等公益项目，因所获取利益稀少，故在市场经济下难生存，其成员几度面临解散的危险。为改变这一现状，2016年8月，成立昆明润土帮帮城乡互助消费合作社，帮帮生活小铺正式营业。

以梦为马

　　合作社成立至今，已走过了3个年头。在过去3年的摸索历程中，润土帮帮从缥缈梦境中找准了方向。从建立帮帮健康生活馆到帮帮生活小铺，从农村润土到城市帮帮，再到之后的参与式保障体系（PGS）与美丽乡村生态游，有效促进城乡的友好互动。

　　首先，建立城乡友爱。PGS将生态农户、消费者、民间组织、销售平台联系在一起，共同致力于建立一个生产者、消费者和其他利益相关方互助互信的家人关系，让城乡重建友爱和谐的关系。

　　其次，建立公平交易机制，支持生态小农生产。去除中间环节，重拾定价权，创立帮帮生活小铺,用"共同购买"集结大众力量,积极推动绿色消费、改善环境品质,尊重和保障生态小农的利益,使小农从事生态友善的农耕,保护地球家园。

最后,合作找幸福。通过每月一次的美丽乡村生态游(生态农耕、民族文化之游、亲子课堂、自然教育、生态农户拜访、手工制作),走进美丽乡村,亲近一片温暖的土地,一起体验自然的美好,将身体与心灵融入自然环境。

梦在征途

润土帮帮在发展的同时,也面临着社员活动参与度低、产品供给结构单一、网上购买平台与宣传阵地弱化、消费意识转变慢、懒人经济挤压等的挑战。

城市和乡村,因食物而有联系,因情感而有互动。我们应该加强社员精神风貌建设;开发更多潜在的生态小农;扩大微信用户消费者规模且在群中适时发放小礼物等;店面选址靠近教育程度较高,退休人群比较集中的区域。

润土帮帮通过消费合作带动农业的可持续发展和公平贸易,让农户没有后顾之忧地从事生态农业,生产环境友好、健康、安全的食品,以实现良性的城乡互动。我相信他们的梦想必能成真,是万千农发(农村区域发展)人所致力的事业,为在校农发人找准方向,积土成山,积水成海,为梦想而战,始于脚下。

(感谢西南林业大学经济管理学院农村区域发展专业2016级普云春、段慧钦、李迎坤、崔厅、黄雅婷、曾琦峨、李晓华和杞顺祥等学生案例资料的调查、收集、整理与撰写工作。)

思考题

1. 本案例生动地诠释了创业的概念,请从创业活动的6个过程对案例进行分析。
2. 结合案例,谈谈为什么创业初期润土帮帮难生存?
3. 本案例润土帮帮的商业模式是什么?
4. 结合市场营销学的知识,为推进润土帮帮健康发展,可以采取怎样的营销战略和策略?

1.2 农人茶坊:山那边的古茶树,两个人的小茶坊

九辈孕育好茶,一世甘为茶人

他叫刘国健,走出红木林村的第一个大学生。在村里人眼中,他是令人羡慕的存在。

因为他走出了封住数辈人甚至数十辈人脚步的大山。

刘国健生长的地方是地处边陲、毗邻缅甸的群山深处，这里大山深锁却风景秀丽，人烟稀少却孕育着不可多得的世间良物——古树茶。这些古茶树有一部分是旧寨"祖辈人"留下的，另一部分则是他的祖辈栽种留下的，翻阅家谱方知茶树已有200~400年不等的年岁。他的祖辈们，用柴火、大铁锅杀青，纯手工制茶的传统工艺，一辈传一辈，到如今已经九辈人了。

小时候对古树茶的记忆，只是如喂猪种地般不得不做而又稀松平常的事情。不过，在跟随父辈采茶制茶的过程里耳濡目染，逐渐稔熟于心变成了行家里手。萎凋、杀青等制茶的具体过程，他说起来如数家珍。

对于古茶树感情的变化有许多因素。

离家求学多年，他很少回家，回家看见那些老茶树干的干、死的死，他觉得非常可惜，很心痛；同时，炒茶的过程艰辛，又加深山阻隔，往往需要人肩背10余公里前往镇上去卖，从事生产的村人经常为贩子压价剥削；这些事情他思考了很久很久，初入社会的他工作的不是很顺利，财务上、身心上的约束、迷茫且又不见前路让他苦闷不已。他深觉是时候改变了。

故事的转折发生在西坝路的老茶馆，颇具命运色彩的是，他与4年的同窗好友李有国不约而同的约在那个晚上一起喝茶聊天，聊来聊去，话题聚焦在茶的身上。畅谈云云便有了后续的故事展开。

刘国健的身上是带着农人品质的，质朴、实干、坚守，质朴实干地将农人茶坊发展壮大，带动着旧寨村人发家致富，成为走出去走回来的典范。坚守着把茶叶带出深山，让更多的人喜欢上村里茶叶的梦想，一世甘为茶人。

三载沐浴文风，一朝身成茶媒

他叫李有国，故事很长，得泡一壶茶慢慢聊。他在农人茶坊里，是公司的智囊和创意来源，上到事无巨细地掌管整个产品的线上营销，线下合作；他也是公司的忠实"社畜"，下到化身摄影师、设计师，如Photoshop、网站制作、写文章等工作也得样样精通，我笑称他这是创业者的自我剥削。

他主管营销是有道理的，就如网络段子所说，牛气的人从小就牛气。

他很有想法且果断敢为，经历可谓写能成书。在大学与同窗刘国健因家境、理念等类似而相约一起做兼职，他们一同卖过手机贴过膜，摆过地摊演过戏。

他也曾在服装店里干过销售，一个假期下来，挣了2000块钱，深觉挣钱不易，但用钱买了心仪已久的数码相机倒也体会到了有钱的自由。再后来跟刘国健一起组织人到各个学校去卖被子，十多天下来，每人挣了1万多块钱。在不断的兼职过程中，培养了基本的财商，也增强了他创业的信心。而后，在大三的时候开了一个淘宝店，学习了电商的运营。

不断的学习、不断的经历构成了这一人生阶段的主旋律。

再往前，就是他在报社工作的3年。报社3年的工作不仅磨砺了他的写作以及逻辑上的基本功，更重要的是在这个过程中，站在农人茶坊发展历程的角度，让他的格局变得更大，眼界更广，作为一个局外人能看到很多企业是如何经营；能得到经验的传授，学会一些做事的方式方法、学习到如何做人；同时还能积累人脉。经验化作了农人茶坊经营的养料，而人脉带来的好处则是贯穿了农人茶坊发展的整个过程。

但这个工作对他来说也是他创业的推手。用他的话说，他是一个追求自由的人。报社的工作可以让他在不同的地方见不同的人，的确给了他一种自由感，但仍不是他中意的那种。而且，报社的工资只能勉强糊口，离财务自由还有一段距离。心中总是有一种声音呼唤他，搏一搏！搏一搏！这种声音萦绕心头良久。搏一搏，万一单车变摩托呢，他笑谈当时真实心理。

回到西坝路小茶馆的那个晚上，李有国和刘国健谈天论地，过往古今，话题最终停留在茶上。刘国健家乡有优良的古树茶，却无人运作……

他是一个追求自由的人，他深觉这会是他实现愿望的契机。

农人不弃初心，伯仲梦圆茶坊

茶馆一聚，两个人确定了创业的方向，但具体如何去做，还不甚明了。两人先是跑遍了昆明的茶城，坐遍了茶室，饮遍了茗茶。再后来，两人驱车万里，带着自家产的茶前往西双版纳、普洱、临沧的各大名山拜访求教，一路颠簸，回到旧寨，思优势，想品牌，一点一滴做起。但正如他们所言，起步之初，想到和没想到的困难，他们都遇到了，技术壁垒、资金短缺、市场营销、网络运营……说来往日艰辛仍历历在目，幸而事在人为，起初的困难慢慢得到了解决，农人的事业也得到了发展，说起经验，无非两点：做好人、做好文化，讲好故事。

做茶亦是做人

在谈到制茶过程与做人、做企业的关系时，两个人不约而同地提到人生如茶，做茶的过程就是做人，做人也会影响制茶。在食品安全问题成为社会痛点后，"品质为王"成为生产者和消费者最关注点的背景下，保证茶的品质是他们生产的宗旨。为了保证品质，采摘过程不留马蹄，去除余叶；为了进一步提升茶叶品质，根据茶龄进行细分，再根据清明、谷雨等时令单独制作；制成之后，每箱都要喝一点，运到仓库再喝一遍，茶饼制成后，抽查茶饼再喝。严格把控茶的品质，赢得了一众回头客。

"做人要讲信誉""不做花里胡哨的产品"是长挂二人嘴边的话，质朴、实干、坚守的农人品质、诚恳可交的形象，让他们在与消费者的交往中轻易取得信任，获取支持，相应地推动了农人茶坊的事业

做茶亦是做文化，讲故事

古树茶不是孤零零的，它有着旧寨的文化底蕴，承载着九辈人的坚守实干。

旧寨、九辈人、农人、古树茶，如何将这些元素糅合，如何在实物上融入文化，构成农人茶坊古茶树的文化底色。这是他们思考的，也是一直在做的。

好茶配好画，字画融入包装设计，大家在旧寨临摹画作，为茶衣赋上雅致；字字珠玑跃然茶衣之上；好茶配好器，紫砂壶里古茶香。客人在乎茶质，也在乎饮茶体验，一人一茶，一茶满足不同客人的需求，自然要在茶文化上下功夫。营造高雅环境，深挖旧寨、茶人文化，让人在饮茶时体味茶带来附加价值。

古树茶不是孤零零的，它和新媒体，古与新的碰撞，最终成为跨越时空的融合。

微信朋友圈、微博、直播、公众号软文是新媒体的代名词，如何将古树茶经由这些渠道让更多的人知晓，产生购买欲望并付诸行为是他们一直思考的问题。

不仅是建立在深挖古树茶及其周边文化而形成的软文，而且初心、始终、赶茶、旧寨，一个个商标就是一个个故事，讲好古树茶的前世今生、茶人、茶寨的故事，文字平实，却足够动人，说到心坎自然感同身受。

他们敏锐地指出未来的新媒体将是短视频的天下，于是频繁地直播饮茶，面对面地与爱茶之人交流茶，拉近彼此距离，通过视频直观地展现茶叶条索优美、茶汤清澈。

虽落于俗套，但市场主要面向省外，类似京东、淘宝的网售平台是跨域地理阻隔的最好方式。

祖先种茶，我管茶，一辈传一辈

旧寨有茶，我卖茶，古茶流万家

（感谢西南林业大学经济管理学院农村区域发展专业2016级杨奔、崔沐、杨再添、孙超、王健和谭荣凯学生案例资料的调查、收集、整理与撰写工作。）

思考题

1. 根据案例，结合农人茶坊两位创始人的经历，分析对创业者来说，积攒了哪些资源、素质和能力？

2. 案例中创业机会是如何识别的？识别创业机会受到哪些因素影响？

3. 案例中提到农人茶坊发展经验，无非两点：做好人、做好文化，讲好故事，为什么这两点经验能够支撑农人茶坊发展起来？依托的是什么优势？树立的是怎样的企业形象和品牌？

4. 从营销策略角度，分析农人茶坊是如何做的？可从产品、品牌、新媒体等角度分析。

1.3 农人茶坊:"九辈人"的传承,一代人的创新

"九辈人"的应运而生

云南临沧红木林,一个不起眼的小村庄,这里是刘国健出生的地方。

2011年刘国健考入西南林业大学,作为村里的第一个大学生,所有人都认为他的未来会彻底脱离农村,毕业后的两年也确实如此,他找了一家公司挣着固定的工资,投身到大城市繁忙的生活中,可每当午夜梦回时,他总会想起那个生活过的旧寨,家乡的那片茶山。

2017年的一天,刘国健和好友李有国在茶楼喝茶时说起了家乡的茶叶,或许是年少冲动又或许这个想法早已萌芽,两人一拍即合,决定辞职创业。随后的两个月,他们跑遍云南周边的大小茶山,两人一步步地摸索着,不断完善他们并不太成熟的想法。

"九辈人"的坚守传承

走在寨子的山路上,清新的茶香迎面而来,萦绕鼻尖经久不散。放眼望去,满山茶树郁郁葱葱之景已经成为旧寨一道美丽的风景。刘国健听着寨子里老人的讲述,翻开家族的族谱,希望能寻找到那一段已经被人遗忘的历史。旧寨古树茶代代相传,最老的茶树至今已有400余龄,跨越九辈人的历史,这也是"九辈人"品牌的由来。

"九辈人"的厚积薄发

从农村的孩子到城市的大学生,从公司白领到农人茶坊的老板,刘国健和李有国大学毕业后的创业历程可谓一步一个脚印,在厚积薄发中不断超越自我。在前期的摸索和尝试中,刘国健并不懂制茶的技术,不懂就向村里的老人学习,向茶叶制作的前辈学习。制作好第一批茶后,让别人品鉴,再根据饮用者的反馈,不断改进制茶的方式,因为他们知道,制茶过程中温度、湿度的微弱变化、甚至天气的好坏都会影响这一批茶叶的品质。在此过程中,他们摸索出一套最佳的茶叶加工经验,在坚持古法手工制作的基础上融合现代科学,改进了采茶,制茶技术,对萎凋时长、炒茶温度都精准地控制,使茶叶品质得到保障。精益求精,消费者在消费体验中,无论何种体验,产品品质永远是第一位,只做最好的产品才对得起消费者,才对得起旧寨农人的"质朴、实干、坚守"的精神。

他们在充分了解了自家茶叶的特点与优势后,决定采用"线上+线下"的销售模式,走中高端市场路线。农人茶坊得益于李有国在媒体行业工作的经验,重视新媒体、自媒体对于企业宣传的作用,通过微信公众号、头条新闻的运作,互联网直播等方式全方位、多角度地增加农人茶坊的曝光度,在京东、东家等互联网销售平台上,消费者可以从"九辈人"

商店中直观、清晰地了解到每款茶，它们不同的名字都有着不同的故事，以故事吸引客户，以故事打动人心。刘国健说道"自古以来茶便与文人文化紧密相连"。产品不再是一件件冰冷的物体，他们找到了云南国画家顾庆维老师，将中国传统书画文化融入产品，使得它们逐渐有了温度，中国传统书画与茶叶的结合，人们可以欣赏名家字画的同时可品着芳香的古树珍茗，仿佛每一片茶叶都蕴含着生命的力量，无形中增添了"九辈人"茶叶的价值，也使得旧寨古茶树被更多人所熟知。

"九辈人"的焕然新生

刘国健和李有国精心呵护每一棵古茶树，他们是辛劳与汗水的见证者，是土地的守护者，他们珍惜祖先留下的这笔财富，更要利用好这笔财富。未来，农人茶坊不仅要把自家的古树茶做好，把茶叶卖出去，更要让外面的人知道旧寨、走进旧寨，带动家乡经济发展。通过茶叶专业知识培训、生态养殖、特色农副产品、农家度假旅游、滇西特色旅游线路等方式，形成以茶叶为中心的完整产业链，带动当地村民的就业，增加村民的收入。茶香万里旧寨路，雏凤源于老凤声，明天的旧寨将会焕然新生。

（感谢西南林业大学经济管理学院农村区域发展专业2016级任振浩、张选葵、王嘉琳、盘晓龙、林文杰、朱彦虎、陈飞虎学生案例资料的调查、收集、整理与撰写工作。）

思考题

1. 你认为创业是需要经过深思熟虑的准备，还是凭着一股激情摸索进行？请说明理由。
2. 结合案例，分析创业团队是怎么塑造和丰富"九辈人"品牌内涵的？
3. 结合市场营销学相关知识，谈一谈农人茶坊采用何种经营战略？在营销策略的选择上，是否发挥了企业的优势？
4. 案例的最后，设想了美好的未来，为实现形成以茶叶为中心的完整产业链的目标，请提出一些具体可行的建议。

1.4 青苹果文化：逆风的方向　更适合飞翔

孙正伟是西南林业大学经济管理学院经济学专业2011届毕业生，获经济学学士学位，现为昆明青苹果文化传播有限公司总经理。公司以校园毕业相册定制起步，如今主要重心在广告业和印刷业，业务从云南扩展到四川、贵州、浙江。

十年寒窗苦，一朝锦绣香

1989年3月，孙正伟出生在云南省昭通市巧家县乌蒙山区的农村，虽然生活艰苦，但就是这样的生活环境让他格外珍惜学习的时光，也磨炼出他坚韧的意志和强健的体魄。2007年他不负众望考上西南林业大学，成了全村第一个考上大学的人。步入大学校园后，在学习专业知识的同时，为了减轻家庭负担，他积极参加社会实践活动。作为班长，他经常组织班级活动，得到老师和学生的一致好评。恩师们的谆谆教诲、耐心指导，学生的相互交流与成长都为他的创业打下了坚实的基础！

有志者，事竟成

有人说，大学是知识的海洋。大学生活对孙正伟来说，不仅丰富了他的知识，也拓宽了他的视野。2008年的一天他和舍友打算骑自行车去安宁老校区楸木园看看，发现借辆自行车实在太难了，于是萌生了校园租车行的想法。他的想法没有经济支持，深思熟虑后，他决定把自己的学费拿出来填补这个空缺。用学费来创业，这无疑是一场赌博。但他既然下了赌注，就要拼尽全力去赢，因为他不能输。靠着不能输的念头，背负着家庭的希望和自己的梦想，他和合伙人夜以继日的工作，放弃了吃喝玩乐的时间，全身心投入到创业中。

在创办租车行的那些日子里，他们一下课就在校园里到处宣传，对来租车的学生热情周到，慢慢租车行被越来越多的学生知晓，并扩大到昆明其他高校。租车行生意蒸蒸日上，租车的人也越来越多，自行车由原来的5辆二手车变成了50多辆新车。终究是功夫不负有心人，他的梦想就这样实现了。这一次他赢了，赢得很精彩。

破釜沉舟，百二秦关终属楚

2011年夏天，同大多数毕业生一样，刚刚大学毕业的孙正伟也踏上了求职之路。他的第一份工作是房产销售，"如何让客户选择我们，如果无论何时我们都能准确定位到客户的位置，就成功了50%"。孙正伟谨记着老板的这句话，于是他开始穿梭于昆明的每一条街道，每一个老巷，认真地记录下所有的标志性建筑物，哪怕是一个个店铺的名字。正是因为这一份认真，他短短时间内就晋升为营销部经理。但2011年冬，由于房地产的前景不容乐观，他选择了辞职。栏目编辑是孙正伟第二份工作，在这一份工作中他常常与很多企业老板和人力资源人员交流沟通。随着了解的加深，他意识到创业才是他想要的选择。"创业要趁早，因为还年轻，哪怕失败了，我也不缺从头再来的勇气"，孙正伟说到。在想清楚自己想要的是什么之后，已经辗转了一年多时间的他当机立断跳出了舒适圈，开始走向创业之路。"皆沉船，破釜甑，烧庐舍，持三日粮，以示士卒必死，无一还心。"巨鹿一战中，项兵大破秦军，威震诸侯，孙正伟也如此，他清楚地知道创业之路有如荆棘之路，往往伴随着汗水、泪水和种种未知的挑战，此时的他唯如项兵，破釜沉舟，直面艰险，方可拿下百二秦关，拿下自己想要的未来。

别人怀宝剑，我有笔如刀

一万个创业者中只有那一小部分能够扛起理想的任重而道远。大部分人创业都一样，出发前心存憧憬和梦想，创业过程中面临的种种现实问题却不得不让许多创业者妥协，而我们要做的是不忘初心，砥砺前行。在公司成长初期，由于没有很好地实现创业目标，公司面临了巨大的危机，恰逢母校有创业园区可以入驻，他和团队便把办公地点搬到了园区。母校给予了莫大的帮助，免租金，免水电费，让团队犹如枯木逢春，有了生机。创业路上离不开身边人的支持和关怀，老师、学生、客户，朋友圈越来越大，形成了自己的资源。

古人云："天将降大任于斯人也，必先苦其心志，劳其筋骨"。没有人的成功之路是一帆风顺的，孙正伟也是如此，他将困难比喻成太阳黑子的喷发，其存在没有规律可循，要一直做好应对的准备。创业的前3年解决团队建设和开拓市场的难题，创业5年面临着利益分配的问题，他说当公司人越来越多时，每个人分配的利益就越来越少，做到让团队中的每个人都满意，是他追求的目标。当和他谈到核心员工流失的对策时，他说了他的见解：一是满足员工需求，给他应得的回报；二是给他希望，给他安全感，所以孙正伟给他的员工买了五险一金，给予员工最低的生活保障。这些困难的解决并不是一蹴而就的，是有积淀的，谈到从小生活在一个并不宽裕的家庭，他知道家庭给不了他过多的物质的帮助，面对困难，他没有退缩的余地，只有解决它，战胜它。

会当凌绝顶，一览众山小

企业最大的社会责任，首先就是要把自己的公司经营好，公司首先要生存，而且要发展要壮大，创造更多的税收，接纳更多人就业，创造更大的财富。在这个过程当中，就得回馈社会、感恩社会。成立公司以来，孙正伟坚持每年拿出公司部分利润来做公益和慈善，农村出身的他深知生活的不易，也知道做人不能忘本，要饮水思源。他组织了"为山区孩子送毕业照"公益活动，脚印留在了昭通、怒江、保山等地。

世人皆有登顶的初心，而到达山顶的却寥寥无几，或是被漫漫长路所威慑，或是被沿途荆棘所割伤，或是被璀璨星空所诱惑，又或是被山间浓雾所迷惘。孙正伟正是克服重重困难登顶之人，登山如此，生活亦如此。他怀揣梦想，凭借毅力，深知生命对于他的意义，努力实现人生的目标。美景只于山顶，孙正伟不仅是满足了视觉的愉悦，更得到了心灵的震撼，恍惚间，他又参透了下一个目标。"青苹果文化传播有限公司不能只往大的做，更要往精的求。"孙正伟如是说道。把每一件简单的事做到位就是不简单；把每一件平凡的事做到位就是不平凡。精致与完美，才是公司越来越成功的重要保证。

（感谢西南林业大学经济管理学院农村区域发展专业2016级张格、李锦丽、李诗琪、杨彬红、王伟威、邱晓丹、李光芒学生案例资料的调查、收集、整理与撰写工作。）

> **思考题**
>
> 1. 根据孙正伟的创业经历，从一开始做租车行到后面的文创市场，他是如何识别创业机会的？
> 2. 孙正伟分享的创业经验，其中提到"创业要趁早"，你是否赞同？为什么？
> 3. 案例中提到应对核心员工流失的对策，除此之外，你对该公司人力资本管理方面有什么意见建议？
> 4. 根据案例，青苹果公司创业过程中，曾依托母校提供的资源支持，获得了发展时间和机遇，另外，校友的创业经历经验给西南林业大学学子很大的触动和启发。请谈谈学校可以从哪些方面给予学生（未来创业者）支持，培养和训练创业思维、素质和能力？
> 5. 孙正伟说："青苹果文化传播有限公司不能只往大的做，更要往精的求。"反映出该公司要做大做强、追求进一步的发展。结合市场营销学、创业学等相关理论，谈一谈，该公司要进一步发展，可以从哪些方面来做？

1.5 青苹果文化：流年无恙 光阴留香

孙正伟是西南林业大学经济管理学院经济学专业2011届毕业生，获经济学学士学位，现为昆明青苹果文化传播有限公司总经理。1989年3月孙正伟出生在云南省昭通市巧家县乌蒙山区的农村，艰苦的中学岁月磨炼出了坚强的意志和强健的体魄，他始终艰苦学习，2007年高中毕业之后考上了西南林业大学，2011年毕业之后，经过认真考虑，决定到企业学习，但是慢慢地和许多企业的老板和HR有深入的交流之后，他了解到创业对他来说才是最佳的职业选择。2013年注册了昆明青苹果文化传播有限公司。

为梦想充电

初识孙总，给我留下的第一印象便是忙，匆匆而来又匆匆而去。从他公司员工处也了解到，像这样每天忙到凌晨对于他来说已是家常便饭。

回忆起那段青葱岁月的创业时光，他眼神里闪烁着令人无法忘却的光芒。他说"我一开始创业是先做的租车行，因为喜欢骑行，想着趁闲暇时光出去转转，但是那时候穷，也买不起山地车，于是就萌生了做租车行的想法，供给像我们这样喜欢骑行的学生"。之后便付诸了实践。毕业之后，他把租车行转给了别人，又去了企划公司上班，但是也仅仅干了几个月，他那颗按耐不住的创业心又开始躁动了。这次他把目标瞄准到文创市场，这个想法还要从他的毕业照说起。"毕业的时候想多拍几张照片留作纪念，于是就想着做一个相册的形式，但是问了好多家，人家都不做这种相册"。就是这样一个小小的种子，留在了他的心里，最终有了现在的青苹果。

"那个时候，比现在更辛苦，天天出去跑，找学生做调研，了解他们的需求，一个班一个班地问，那么多班，好像也不知道累。"当跟我们聊起这些回忆的时候，学长的眼里满是从容和淡定，我想在他波澜不惊的面孔背后，也一定有过那些不安、急躁和难过的岁月吧！

有志者，事竟成

创业过程中，公司遭遇了一场严重的财务危机，恰在此时，通过公司创始人老师的引荐，西南林业大学也正计划引入一批示范创业团队入驻校创新创业中心，双方一拍即合。一方面，校方提供了办公地点及相关方面的资源支持，给公司打了一剂强心针，使公司获得了弥足珍贵的发展时间和机遇；另一方面，公司在创新创业方面的经验给西南林业大学学子很大的触动和启发。于是，在母校建校60周年暨办学80周年之际，青苹果文化公司心怀感恩，也为母校送去了衷心的祝福。

在主营业务方面，公司广告、印刷、校园文创三管齐下，其中广告和印刷占公司营收率逐年上升，在服务校园文化、创新学生喜爱的文创产品的同时，公司也致力于深耕社会市场，积极主动提升竞争力，参与市场角逐，先后与昆明恒大地产、俊发集团展开业务合作，通过打造强力的设计师和管理人才队伍，提升产品质量和服务能力。公司身处市场战线前沿，通过积累的商业伙伴和校友资源，不断将业务面拓展加深，持续以自我革命的精神态度完善不足。

执子之手，携手努力

大成功靠团队，小成功靠个人。世界那么大，总有志同道合的人一起为梦想拼搏。有了团队，人虽然多了，但是事情可没变少。当大家的希望都肩负在他一个人身上的时候，他既兴奋又害怕，兴奋的是拥有自己的团队，多一个人帮忙多一份力，大家都很信任他，想和他做出一番事业来，但也害怕，责任越大，稍有差池就前功尽弃。虽然很多次都有放弃的想法，但是每当想起有那么多人和自己一起努力着，就又有了斗志。慢慢地也从以前的失败中，知道了怎样才能让团队稳步向前。

创业初期，孙总认为那是一段艰苦的岁月。据他说最艰难的时候，他走在学校门口会去纠结是吃10块的拉面还是13块的炒饭，就为了省3块钱，听着让人唏嘘。孙总还分享了创业的过程中可能会遇到3个阶段的困难，第一个阶段是第三年的时候，因为在这一时期，公司开始面对市场定位；第二阶段是第五年的时候，这一时期，公司开始盈利，可能会遇到利益分配，无数的创业者也倒在这一步，因为利益分配的不公，导致内部分崩离析；第三阶段就是第七年的时候，这一时期，市场会出现大量竞争者，公司会遇到激烈的竞争，甚至会陷入艰难的价格战中。

留住最好的记忆

创业过程中，每件事情都对他有着或大或小的影响，作为大学班主任的谢彦明老师对他的支持让他铭记于心,给予他继续前进的勇气。除此之外,员工的不离不弃,让他与大家同甘共苦,一起度过三年磨难,五年涅槃重生,如今将公司发展壮大。孙总也给我们分享了一些创业经验:一是定位要明确,要有目标;二是和长期的目标相比,着眼于当前显得更加重;三是创业要趁早。俗话说初生牛犊不怕虎,年轻的时候没有家庭负担,也不用考虑太多,要无所畏惧,要敢于去闯荡,最坏的也只不过是从一无所有到一无所有。

"创业与公益同行",公司计划每年去贫困山区给孩子们拍照。要懂得感恩社会上帮助过自己的每一个人或组织,把这份爱传递下去,在下雨天帮别人撑伞。

创业的经历让他成长,他学会了"自我革命,自我完善",任何事情不怨环境,不怨任何人,从自己身上找原因,发展自己,找准目标与定位,任何事情都要循序渐进,而不能急于求成。成功背后是勤劳与无数不眠之夜,也伴随着失败的风险与焦虑,不退缩,让自己成为员工依赖的榜样,一步一个脚印走向属于大家的诗和远方。

不负好时光

青苹果文化传播有限公司是一个充满朝气的公司,回首创业之路,孙正伟留下了叠叠落落的脚印,每一个脚印里都塞满了他的汗水和回流于心的泪水。从一开始的几本相册初样寻求市场到如今的广告、印刷、校园文创三足鼎立,青苹果文化一直秉承初心,以经典而富含创意的设计为精品,扩大品牌效应,深度挖掘潜在市场。如同古语所言,不积跬步,无以至千里;不积小流,无以成江海。公司的团队核心将带领这支年轻的队伍,稳扎稳打,步步为营,一步一个脚印开启公司的新征程。

(感谢西南林业大学经济管理学院农村区域发展专业2016级王金娣、王超、王晨、兰舒婷、李宜轩和何司童学生案例资料的调查、收集、整理与撰写工作。)

思考题

1. 你认为创业者要具备什么样的品质和能力?根据案例,总结分析,孙正伟具备什么样的品质和能力?
2. 结合案例,深入设想和思考公司创业初期可能面临哪些困难和危机?
3. 根据企业生命周期理论,当前孙正伟的公司处在哪个阶段?
4. 孙正伟分享创业过程中可能会遇到3个阶段的困难:第一个阶段是市场定位,第二个阶段是利益分配,第三个阶段是激烈的市场竞争。根据市场营销、创业学等有关知识,分析在不同阶段,一般情况下企业可以怎么做?也就是如何解决市场定位问题、利益分配问题、市场竞争问题?

1.6　肆只猫咖啡：逆风飞扬的"猫"有36条命

由于积累了经验，脑中装满电商企业成功与失败的案例。陈莎牢牢揪住了品质与成本控制两个关键，企业很快开始实现盈利。近3年来，企业建立了包括零库存在内的一整套电商平台运营和降成本的管理体系。

"一季度的情况看，'肆只猫'生产、销售、盈利数据都良好，一切在掌控之中。今年我不求量的增长，但求质的提升。"在昆明经开区一个电子商务园区，肆只猫咖啡有限公司董事长陈莎稳坐在宽大的办公室茶台前，边泡茶边聊着。短发的她，显出有几分果敢、几分帅气。

这样的聊天已是第二次，为了探访这个85后女孩缘何在短短几年内就创出一个咖啡"大牌"，第二次来到这家企业。

商界小花，初识市场规律奥妙

蓝与黄为主基调，浓重的色彩，卡通形象，绿植，一切透着年轻与朝气。陈莎的产业，囊括了咖啡从设计、生产到销售的整个链条，5000平方米的作业区，紧凑而忙碌。

陈莎说："挫折和困难，给了我磨砺，也给了我从未有过的自信！"当年高考完她没有闲下来，而是去帮一位阿姨推销洗涤用品。从小爱琢磨事情的她，在爬楼挨家挨户磨嘴皮推销与奔波去郊县参加推广活动的过程中，似乎懵懂地摸到了人与市场规律之间的一些奥妙。

来到西南林业大学上学后，陈莎很快成为班长和拥有500名会员的校魔术协会主席。她在课余带着会员参加各式推广活动、走秀、摆摊销售学生和城郊群众喜爱的商品。

但让她对创业有真正的认识，还是同一年参加省级职业生涯规划大赛。"当时我一个19岁的小姑娘，根本都不知道什么叫作职业生涯规划。"陈莎说，可能是命运的安排吧，她花了两个月时间做出规划文案，给学校拿了一个大奖。

在那次大赛中，陈莎给自己定下的目标是到大四拥有自己的公司，不料当年6月份拿了奖，她4个月后就创办了自己的第一家公司，做人力资源服务。就在参加走秀、代办信用卡、搞各种推销活动中，陈莎接触到了大量的人。

瞄准咖啡，创业面临重重困难

"接触面广了，你的思维方式就会发生改变。"短短一年的时间里，陈莎对贸易产生了浓厚的兴趣，成立了第二家公司。

由于自己也是学生，非常清楚学生的需求和爱好，她开始卖巧克力、小饼干、咖啡、

T恤、面膜，在这个过程中，有赚有亏。亏钱赚钱都要算账，陈莎发现所有买卖中，有一类商品赚钱虽然不是最多的，但从不亏，盈利很稳定，那就是咖啡。而云南是咖啡大省，全国99%的咖啡产自这里。整合各种数据，她发现，年轻人对咖啡的需求正呈稳定上升趋势。

2012年，陈莎把资本和精力投向了咖啡。她和3名合伙人共同出资成立了公司，搭上淘宝、天猫的最后一班"顺风车"，将企业定位为线上企业。4名合作人中，有人从事生产、有人负责电商、有人做平台服务，按特长，陈莎负责线下销售。"我们把公司和商标取名为'肆只猫'，一是寓意我们4个人，二是寓意经得住摔打，耐得住折腾。"陈莎笑称，俗话说猫有9条命，4只猫不是36条命吗？

然而这个完美的架构和充满激情的创业梦并不完美。公司从一成立起就亏损，一亏就是3年。陈莎说，现在想起来，是成本控制特别差。"你想想，我们在昆明把所有的原材料发到保山潞江坝生产，再发回昆明，成本高不高？在远离保山市的乡村里，物流发货特别慢，而且生产能力也有问题，根本就生产不出来……"

货物跟不上，而电商平台要求必须72小时内发货，不发就得赔偿，4个人商议只有把工厂从保山搬到昆明。但由于连续亏损，意见分歧，负责生产的股东又遇到资金上的问题，就把自己的股份按实际出资近2倍的价格卖掉了。

想到自己看好的品牌就这样凋亡，陈莎不甘心，一狠心腾出所有资金，左借右贷，把3名股东的股份全部高价买了过来。"人家都说我傻，怎么这种情况下，还要接盘一个亏损的企业。但这里有我创业的印记，我也想明白了怎么去救活它。"她说。

抓住要害，短短几年扭亏为盈

2016年，陈莎开始在昆明经济开发区建新厂，通过观摩学习，她已搞清了怎样建一条咖啡生产线。"新厂图纸都是我自己画的。"从设备布局到细节功能改造，从包装设计到物流、平台维护，无一不亲力亲为。

陈莎讲了一个小故事，在新厂产品上线销售后，有顾客反映铝箔纸包装条撕口不好撕，还有顾客反映包装口密封不严。"经过仔细调研，问题的确存在。"陈莎说，设备都是国际、国内大厂的产品，使用也正常，但就是有缺陷，怎么办？改！这个女汉子俯下身子，反复琢磨，查图纸，跑市场，通过改动包装切口位置、在封口上方加装乳胶夹杆，两招就解决了顾客在平台上"小有埋怨"的问题。"就凭这个，我还获得了2项实用新型专利。厂家加装了我的设计，每次给公司供新机时都要减免几十万元。"陈莎不无得意地说。

由于积累了几年经验，脑中装满电商企业成功与失败的案例，陈莎牢牢揪住了品质与成本控制两个要害，企业从2017年开始实现盈利。近3年来，企业建立了包括零库存在内的一整套电商平台运营和降成本的管理体系。"通过成本降低，我们才可以积累越来越多的线上顾客，同时也才有能力去更好地做设计、研发，进一步提升品质。"陈莎说。

形象升级，塑造有灵魂的品牌

陈莎承认，与早年电商刚兴起时只管"引流—变现"不同，如今品牌的运维需要动用"十八般武艺"，除了平台在逆流中继续引流，还要通过抖音、快手、微信、微博等自媒体各个端口持续发力，稍微有一天不努力，就可能被消费者抛到脑后。

然而比线上运营还要重要的是陈莎最近在做的另一件事：全面提升品牌形象，做一个有灵魂的品牌。陈莎坦言，前几年，让企业活下去是首要的目标，活不下去什么都是空谈，而现在活下去又面临新的挑战。

"以前，我不知道'肆只猫'理念是什么，我做不出来像别人一样有灵魂的品牌。所谓有灵魂的品牌，也是企业负责人赋予品牌的生命力。"陈莎说，品牌的灵魂也是记忆点。人们吃面包、火锅、饼干、巧克力或者任何一样产品，都会有记忆点，这就是它的风味。

同时，将所有产品进行 IP 形象升级，使用目前市面上最先进的包装形态。"别人抄袭不了的，就是自己内在核心的东西。"陈莎边说边展示了产品的包装设计稿，看起来无论是色调、字体，还是卡通图像、宣传语，都与咖啡产品更搭，也更有识别度。"4月15日，我就可以给你看产品了。"陈莎自信地说。

陈莎还打算在今年推出"咖啡时光"的概念，同时分步骤向市场推出液态咖啡以及各品种咖啡系列，那时"咖啡时光，自由自在"的理念也将深入人心。

（资料来源于《科技日报》，赵汉斌）

思考题

1. 组建创业团队只是为了找志同道合的人吗？
2. 创业初期，4人经营肆只猫咖啡时，为什么会连亏3年？
3. 陈莎全部接盘后，是如何实现盈利完成创业初期活下去的目标？
4. 肆只猫咖啡经过了培育期后，面临的发展问题和挑战是什么？
5. 结合相关知识，为肆只猫咖啡进一步发展提意见建议。

1.7 金诺教育：一诺千金 "化学王"的蝶变之路

王杰，西南林业大学2004届资源环境与城乡规划管理专业毕业生。云南省青年联合会委员、云南省山东商会常务副会长、云南民办教育协会副理事长、昆明市青少年促进发展研究会副会长、金诺教育集团董事长。

王者风范御蛟龙　杰出金诺兴滇中

十年磨一剑，在竞争日趋激烈的教育行业中做得风生水起，独领风骚。这风风雨雨的十年让金诺学校从无到有，在昆明创办了民办培训学校十余家分校，教学成绩斐然，使得"一诺千金"的办学宗旨和企业理念传遍了春城的千家万户。

贵人相助发展　一诺千金闯新路

像大多数毕业生一样，王杰毕业后选择了报考公务员，想以此换取一份稳定的工作。笔试取得了昆明市第二名的好成绩，然而却未能通过面试关，公考失败后，他做了保险推销、计算机销售等工作，但发现这些并非自己所喜欢的行业，于是他决定回到自己所熟悉和热爱的教育培训行业。

2004年9月，王杰看中了位于书林街昆三中对面7楼一套50平方米左右的小区房，但没钱付租金，房子可望而不可即。正巧，房屋主人的孩子在上高中，要请一位家教来补课，房东以他为孩子补课为条件让他先暂用房子。

王杰的诚实可靠、做事认真换来了房东不但没有着急催缴前期所欠的租金，反而还把隔壁给侄儿用的房间腾出来帮助他扩大空间。怀着这份感激之情，王杰更加珍惜这个来之不易的机遇，组建了自己的团队，成立了家教中心。

教化大道畅无阻　春城花放万紫红

在教学实践中，王杰凭着直觉嗅到了培训行业的商机。当时昆明教育培训市场存在各种补习班收费混乱、培训后续服务不到位、师资水平参差不齐等问题。想到这些，王杰决定破釜沉舟放手一搏，他一直坚守"想到就要做到，要做就做最好"的理念。就这样，凭着不让家长失望的使命感和"一诺千金"的办学理念，从家教到学校，王杰踏上了艰难的创业之路。

金诺两手一起抓，以发展辅导班为主，家教中介为辅。辅导班对老师的高要求，而辅导行业的初起步，现实不容乐观，第一个月仅留下了3个学生，班上学生介绍来一些学生，试听后却依旧没有留下来。这给了初出茅庐的他很大的打击。

执子相伴　携手努力

即使情况十分糟糕，但这并没有击垮他，恰好相反，他更加努力。他和女友拼命地去发传单来加大宣传力度，也只是到了第三个月有17个学生来上课。而当时昆明的培训学校不下百家，如何突显自己的优点，扩大知名度，提升教学质量，为自己的教学理念提供一个更广阔和更强势的传播及运作平台，肩负起自己内心深处的那份神圣责任，王杰面临着诸多挑战。

他还去其他学校听课，不断调整自己的教学风格和教学方式；为了上好2个小时的课，花费2天时间准备。王杰推出"先试听，满意后再缴费"的模式，经过一段时间的调整后，试听的学生慢慢就愿意留下来了。随着学生在期中、期末考试中的成绩不断提高，学生就带着学生来试听，听课的学生渐渐坐满了只能坐9个学生的房间、教室。

学生多了，负荷便重了，一周50多个课时，数学、物理、化学一起上，取得这样的成功，他的脑海里没有了休息，以至于一次上课，声音竟一时沙哑说不出话来，到医院检查发现咳痰带有血丝，而他顾不得精心的治疗，便很快回到教室为学生上课。

破釜沉舟"化学王"　一鸣惊人"小黑马"

为了请到好老师，他先到对方的学校去摸底、调查，了解教课最好的老师，锁定目标，将其请到自己的培训机构来。初期很多时候给老师发完工资后几乎没有了结余，而即便这样，他依旧把自己挣来的课时费补给其他的优秀教师，激励他们，调动其积极性，而自己和女友经常吃白米饭加水煮白菜，几天难见一点荤腥。

生活的艰难从不影响他对待事业的态度，教室所在楼层太高，每天晚上补习结束，他都会把每一个学生送到楼下，没有家长来接的，他便将其送到家中。

为了请到优秀的数学教师王海龙，王杰一天接连好多个电话盛情邀请对方，多次和他聊人生、聊梦想。功夫不负有心人，王海龙同意了加入他的团队。

数学名师王海龙的加入，让王杰稍稍缓了口气，但是化学老师的缺失却让他陷入了新一轮的困境。一方面是经济原因，另一方面是当时昆明优秀的化学老师的确很难找到。思考再三，王杰痛下决心，决定自己教化学，并给自己命名为"化学王"，他学习储备化学知识，优化、完善知识结构及授课能力，大量地给学生发宣传单，上面醒目的印着：不听"化学王"的课是一种遗憾！以这样的方式来时刻提醒自己。结果，同自己高考的成绩一样，成为了一匹"化学黑马"。

"化学王"的蝶变

机遇总是偏爱有头脑、有准备的人！只要用心做事，用情做人，就一定能成功。专心致志，心无旁骛，做好眼前的事，做实实在在的事。王杰总是保持着临战状态，他认为：打铁要靠自身硬，要给学生一杯水，老师必须要有一桶水，老师只有充分准备、完善自己的知识内涵，做到自达达人，才能完成传道授业解惑之重任。也就是凭着这种智慧和努力，他的化学课教的越来越好，得到了越来越多学生的认可，参加培训的学生一传十、十传百，逐渐地，教室里学生多了起来，教室里站满了人，有时竟连过道都挤满学生。凭着这份滴水穿石、刻苦钻研的精神，王杰在家长和学生当中渐渐地赢得了口碑，成为了名副其实的"化学王"。同时，也正是这种精益求精的办学精神使教学质量稳步提升，并在同行业中名列前茅。在金诺培训过的学生中，有3位学生先后考取了清华大学，并且大多数学生都考取了自己心仪的院校和理想的专业。而正是这种"蝴蝶效应"，使他从辅导班到培训学校，从单兵作战的一个学校到兵团型的分校建立提供了华丽转身的条件,为日后的发展奠定了坚实的基础。

(资料来源于《西南林业大学创新创业案例故事汇编集》)

思考题

1. 结合案例,王杰作为创业者,具有哪些品质和能力?
2. 创业初期,王杰创业团队面临哪些困难和问题?是如何应对和解决的?
3. 教育培训行业具有特殊性,王杰创业团队是如何抓住顾客走向成功的?其采用何种经营策略和营销策略?

第 2 章

创业商机识别

本章提要： 创业是一种思考、推理和行动的方法，而创业商机的创造、识别和捕捉是这个过程的前提，随后才是抓住商机的意愿与行动。本章以创业商机识别为目的，主要从消费者和有机农产品市场角度去分析有机农产品的市场占有和市场前景问题。从消费者食品安全意识与行为调查、劣质农产品生产外部性的经济学实验、有机农业市场进入与退出实验、有机农业企业互助互利实验等方面以经济学的角度探讨有机农产品未来的市场前景问题。

2.1 消费者食品安全问题与行为调查

2.1.1 实验目的

该实验主要采用抽样调查的方式，综合运用文献法、访谈法、问卷调查法和观察法，锻炼提升学生资料整理、问卷设计、现场调查、数据分析等各方面的能力。首先，学生通过收集资料，完成对消费者食品安全意识与行为的调查问卷设计，提升学生资料收集、整理和归纳的能力；其次，在调查问卷的现场实地调查，提高学生的语言表达能力和人际沟通能力；再次，利用 Excel、SPSS18.0 和 Stata16.0 等统计软件完成调查问卷编码、数据录入、修正、统计和分析能力；最后，基于调查问卷统计分析的数据，按照实习报告要求，完成不少于 1 万字的实习报告。

2.1.2 实验安排

2.1.2.1 实验时间

经济学专业模块实习 2，第 4 学期，一般为学期的第 17~19 周。

2.1.2.2 实验地点

云南省昆明市白龙寺西南林业大学周边小区、农贸市场及各大超市。

2.1.2.3 实验组织

学生 8~10 人一组，以团队方式共同完成，每组设组长 1 名，各组长分工协调组员具体工作。各小组制定调查任务安排，设计好问卷内容，规划好调查对象和区域。要求每人完成调查问卷 20 份，在分报告中记录自己发出多少问卷，回收多少，有效问卷多少。

2.1.3 实验准备

2.1.3.1 知识准备

了解消费者心理学、消费者行为学、食品安全问题等基本理论；掌握 Excel、SPSS18.0 和 Stata16.0 等统计软件的应用；了解昆明市白龙寺西南林业大学周边小区、农贸市场及各大超市的地理位置、人口、经济社会文化特征等基本状况；对调查访谈时基本的沟通技巧和调查技巧的把握，营造相对宽松舒适的访谈氛围，提高调查效率。

2.1.3.2 场地准备

可以根据实际情况，采取灵活的方式完成调查地点的选择。可以在各农贸市场、小区出入口，也可以在各大公园以及道口。

2.1.3.3 工具准备

包括户外和室内工具准备。户外调查需要随身携带打印好的调查问卷和笔，携带录音笔或者应用手机全程录音录像，以备回听录音和回看录像完成调查问卷的修正和调查报告的撰写；室内问卷统计与分析需要计算机、办公软件、数据分析软件（SPSS18.0或Stata16.0）等。

2.1.4 实验资料

2.1.4.1 实验资料收集与阅读

学生需要提前学习关于消费者行为理论的相关知识，了解当前我国的绿色食品生产及消费现状。通过报刊、杂志、书籍、网页等形式收集食品安全的相关案例、绿色食品标识等。

2.1.4.2 消费者食品安全问题与行为调查问卷范例

主要包括消费者食品购买习惯、消费者比较担心的食品安全问题、消费者对食品安全常识的了解、消费者获得食品安全知识的途径等，详见本章附录。

2.1.5 实验要求

2.1.5.1 消费者食品安全问题与行为背景分析

食品安全意识实际是消费者的自我保护意识，当消费者增强自我保护意识，同时又具有了食品安全知识，在生活中受损害的情况就会减少或得到避免。不安全因素产生于整个食品供应链的各个环节，但其中一部分危害来自于消费者自身在食品安全方面知识的缺乏。消费者在选购食物时，要注意考虑自己的利益，对种类、配料、营养成分、添加剂种类、出厂日期、保质期等相关信息尽可能了解清楚，有条件的话，还要求销售者出具发票、收据或其他书面的证明材料，以便在受到侵害时，能够有效地进行索赔。

2.1.5.2 消费者食品安全问题与行为调查问卷设计

调查前，每个学生需要熟悉并了解食品安全常识，了解有机食品、绿色食品等，知道食品认证标识，了解消费者在食品消费过程中存在的安全问题，查阅相关文献资料，就食品安全意识、食品安全知识、维权方式、食品消费选择等方面设计完成调查问卷。

2.1.6 实验过程

2.1.6.1 实习动员

明确实习内容及时间安排、完成实习分组、分配实习任务、强调实习纪律，学生提前学习食品安全、有机食品、绿色食品等相关知识，了解消费者行为理论等相关知识准备。实习分组及签到见表2-1。

表 2-1 实习分组和访谈团队组建及分工表范例

组号	组长	调研主题	姓名	学号	联系电话	签到处
第一组						
第 N 组						

2.1.6.2　问卷设计讨论

集中于多媒体教室就各组的调查问卷进行分析，调查对象和调查区域规划是否合理，就问卷中问题设计的条理性、侧重点、问题设定的合理性等进行讨论、修正。

2.1.6.3　现场调查访谈

各组成员根据各组的具体安排及要求，到调查地点发放问卷，进行访谈，用时 2~3 天。获取消费者食品安全意识、食品安全知识、维权方式、食品消费选择等方面的相关数据信息。

2.1.6.4　实习报告撰写

主要采用定性分析与定量分析相结合的方法，对调查所取得的数据和资料进行整理和分析。针对回收问卷相关数据，应用 SPSS 相关统计软件进行回归和描述性统计分析。通过实习报告的撰写，完成对调查主题的系统化认知、了解和提升。实习报告包含各组的总报告及个人的分报告。总报告主要包含问卷设计、实习成果、问题及结论等；分报告主要涉及个人的实习收获及心得体会。

2.1.6.5　实习汇报交流

各小组分工协作，以幻灯片方式汇报实习报告成果具体包括幻灯片的制作、汇报的整个思路框架和汇报人等，陈述时间为 10~15 分钟，汇报内容除实验结论等基本的报告内容外，还包括个人心得、有待深入思考的问题，甚至可以是对此次实习的内容和程序有待完善的建议；然后由带队教师进行提问交流和互动。

2.2　劣质农产品生产外部性的经济学实验

2.2.1　实验目的

实验模仿劣质农产品生产的市场，即信息不对称导致市场中出现的逆向选择、道德风险问题。信息不对称是指在市场交易中一方交易者知道另一方所不知道的信息。拥有较多信息的交易者可以通过隐瞒信息或者歪曲信息获利。实验中假设劣质农产品市场是信息不对称市场的一个例子。通过实验，让学生理解劣质农产品生产外部性引起的市场失灵；理解自我证实信念对"柠檬"市场竞争均衡的影响。

2.2.2 实验安排

2.2.2.1 实验时间

经济学专业模块实习或综合实习，根据各专业实习模块实习的安排，劣质产品生产的外部性实验安排在第 6 学期，一般在学期的第 17~20 周，为期 1 周，建议在学生先修课程微观经济学、宏观经济学，掌握了关于外部性和信息不对称的相关理论之后再进行实验。

2.2.2.2 实验地点

经济管理学院项目管理与沙盘模拟实验实训室，或者实习老师借阅的相关多媒体教室。可以根据授课班级实际人数情况选择大小合适的教室。由于经济学专业学生人数较多，并且模拟市场交易学生会有来回走动的情况，建议选择阶梯教室等较大的多媒体教室。

2.2.2.3 实验组织

实验由实习老师组织学生在实验教室模拟自由市场交易，随机选择部分学生作为农产品的经销商（买者），其余学生作为卖者。为了使学生更有动力参与到实验中，实验需要一定的刺激和约束，教师可以在实验前向学生表明实验中的积分方式，并且将实验积分纳入学生的期末成绩考核中，提高学生参与实验的积极性。

2.2.3 实验准备

2.2.3.1 知识准备

了解微观经济学供求均衡理论、外部性理论、逆向选择等相关理论；知道信息不对称导致市场中出现所谓逆向选择、道德风险的问题；知道自我证实信念对"柠檬"市场的竞争均衡会产生影响。了解绿色和有机农产品的界定、标志及相关政策规范。

2.2.3.2 场地准备

经济管理学院项目管理与沙盘模拟实验实训室，或者实习老师借阅的相关多媒体教室。可以根据授课班级实际人数情况选择大小合适的教室。

2.2.3.3 工具准备

根据实验学生人数准备纸笔，每人 1 张 A4 白纸、1 支黑色签字笔或钢笔，老师准备 1 个实验记录本；实验数据分析需要计算机、办公软件等。

2.2.4 实验资料

学生需要提前学习关于信息不对称、逆向选择等相关知识。通过报刊、杂志、网络等形式了解各行各业的逆向选择案例及规避方式，了解各行业资质证书及各种资格认证在减少信息不对称和行业逆向选择上所体现出的优势与不足。

2.2.5 实验要求

2.2.5.1 信息不对称市场

实验中假设的劣质农产品市场是信息不对称市场的一种情况。拥有较多信息的交易者可以通过隐瞒信息或者歪曲信息获利。因为交谈的低成本，买方对声称拥有绿色农产品的卖者出较高的价格，而对声称自己的产品是"柠檬"的农产品出较低的价格，"柠檬"的主人就有动机谎称他的农产品是优质绿色农产品。信息不对称会导致逆向选择和道德风险。

2.2.5.2 信息不对称市场中的供给和需求

供求分析可以用于预测存在逆向选择市场的结果。供给者清楚自己拥有的产品质量如何，故供给曲线较容易绘出。而需求曲线的绘制需要考察在不同的自我证实信念情况下的不同情形。包含盲目乐观情形、自我证实信念悲观情形、自我证实信念的乐观情形等不同情形下的需求情况。

2.2.5.3 信息不对称市场的启示

因为信息不对称市场的形成原因是由于一方交易者知道另一方所不知道的信息，所以常见的解决办法是花钱进行产品质量鉴定。如果所有者产品质量高，那么他将有一定的支付意愿对自己的产品质量进行鉴定。对高质量产品进行鉴定将使高质量产品价格上升，使低质量产品价格下降。但是因为进行鉴定有一定的成本支出，所以利润有可能增加也有可能减少。

2.2.6 实验步骤

2.2.6.1 实习动员

明确实习内容及时间安排、完成实习分组、分配实习任务、强调实习纪律，学生首先学习食品安全、有机食品、绿色食品等相关知识，了解市场供求理论、消费者行为理论、信息不对称市场理论等相关知识。

2.2.6.2 实验角色界定

实验中的卖者：当买者的出价大于等于卖者的保留价格时，卖者就愿意出售商品。并且卖者会从所有出价的买者中选择出价最高者出售商品。

实验中的买者：市场中买者愿意为高质量的绿色农产品支付较高的价格，为劣等的农产品支付较低的价格。

2.2.6.3 第一轮实验：农产品中间商（买者）垄断市场

本轮实验假设市场上只有唯一的买者，实验选择一名学生作为垄断市场的中间商，其余学生为卖者。农产品的出售者每人获得一张纸条，注明该出售者的编号及所售产品为优质的绿色农产品还是劣等产品。买者在买到农产品的时候无法区分优质和普通农产品。但在买入农产品和卖出之前可以区分出来。假定中间商买到的所有农产品都将卖出，并且以10元的价格卖出劣质农产品，以60元的价格卖出优质农产品。农产品中间商的利润为卖出农产品的总收入减去购买这些农产品的总成本。农产品经销商（买者）必须出一个单一的农产品收购价格,并将价格写在黑板上,在此价格水平下经销商需要收购所有愿意出售的农产品。

2.2.6.4　第二轮实验:竞争性农产品市场

本轮实验假设农产品市场是竞争性的,农产品生产者(卖方)与农产品中间商(买方)之间相互作用。大部分学生作为农产品生产者,根据班级人数选择几名学生作为市场的买者,农产品的卖者中有一半学生拥有高质量的绿色农产品,一半学生拥有普通农产品。农产品的买者可以在黑板上写下愿意为农产品支付的价格,并且可以随时更改价格,并且可以购买所有接受该价格的卖主愿意卖的农产品。每买入一份农产品,需要将卖方的编号登记在专用的购买记录本上。在购买的时候,买方不能区分绿色优质农产品和劣等的普通农产品。

本轮交易结束后,买方将自己的购买记录交给市场管理者。由市场管理者计算买方买入的农产品的平均价值。平均价值等于所有农产品经销商买入的农产品的平均价值。

2.2.6.5　第三轮实验:市场上劣质农产品占多数

本轮实验的操作步骤和第一轮实验相同,假设本轮实验市场上 1/3 的农产品是优质绿色农产品,其余 2/3 的农产品都是劣质农产品。

2.2.6.6　第四轮实验:质量鉴定

在这一轮实验中,教师给拥有绿色农产品的学生一个专门的认证标识,绿色农产品的生产者可以向买者出示相关的产品标识他们的产品是优质的绿色农产品。买者可以依据卖者是否能够证明其产品是优质绿色农产品而支付不同的价格。买者每买入一个农产品,都应将购买价格和卖者的编号登记在专用的购买记录本上。对于卖者可以出示证明表明他的产品是绿色优质农产品的情况,需要在记录本上的卖方编号旁做出特殊标记。

本轮实验中,农产品中间商的收入等于其实际买入的农产品的总价值,而非所有中间商买入的农产品的平均价值。

2.2.6.7　实验报告撰写

实验过程中要求扮演市场管理者的学生将每一轮实验的相关数据分别记录在表 2-2 至表 2-6 中,作为后期撰写实验报告或进行实验分析的数据材料。

表 2-2　不同种类的农产品的分配

	第二轮实验	第三轮实验	第四轮实验
拥有绿色农产品的人数			
拥有"柠檬"的人数			

表 2-3　出售农产品的种类

	第二轮实验	第三轮实验	第四轮实验
绿色农产品的出售量			
"柠檬"的出手量			
出售农产品的平均价值			

表 2-4　第二轮实验购买情况和利润情况

中间商编号	中间商购买量	中间商总成本	中间商总收入	中间商总利润

表 2-5　第三轮实验购买情况和利润情况

中间商编号	中间商购买量	中间商总成本	中间商总收入	中间商总利润

表 2-6　第四轮实验购买情况和利润情况

中间商编号	支付额		数量		中间商购买价值	中间商的利润
	绿色	普通	绿色	普通		

2.2.6.8　实习汇报交流

以6人左右为一组，完成实习成果及实习心得体会的汇报交流。包含对信息不对称市场中逆向选择、道德风险的思考；对"柠檬市场"中的供给和需求的思考；"柠檬"市场中鉴定的个人价值与社会价值的思考等。

2.3　比较优势实验

2.3.1　实验目的

实验模仿两个不同生产效率的地区生产的两种不同的产品，并且两种产品必须以固定的比例进行搭配才能实现一个积分的消费效用。分别考察两个地区在没有贸易和有自由贸易的情况下各自的效用大小，以此让学生理解贸易理论中的比较优势理论和贸易可以使交易双方都受益的经济学原理。

2.3.2 实验安排

2.3.2.1 实验时间

经济学专业模块实习或综合实习，根据各专业实习模块实习的安排，比较优势实验安排在第 6 学期，一般在学期的第 17~20 周，建议在学生先修课程微观经济学、国际贸易理论等课程，掌握了关于比较优势理论之后再进行实验。

2.3.2.2 实验地点

经济管理学院项目管理与沙盘模拟实验实训室，或者实习老师借阅的相关多媒体教室。可以根据授课班级实际人数情况选择大小合适的教室。由于经济学专业学生人数较多，并且模拟市场交易学生会有来回走动的情况，建议选择阶梯教室等较大的多媒体教室。

2.3.2.3 实验组织

由实习老师组织学生在实验教室模拟自由市场交易，将学生分成人数相等的 A、B 两个组。实验中为了使学生更有动力参与到实验中，实验需要一定的刺激和约束，教师可以在实验前向学生表明实验中的积分方式，并将实验积分纳入期末成绩考核中，这样学生会更现实地去考虑实验结果而不是敷衍了事。实验期间要求学生遵守实验规则和纪律。

2.3.3 实验准备

2.3.3.1 知识准备

了解经济学十大原理、生产可能性边界、国际贸易绝对优势论、比较优势论等相关理论；知道贸易可以使交易双方都受益；知道国际贸易的好处来源于比较优势。

2.3.3.2 场地准备

经济管理学院项目管理与沙盘模拟实验实训室，或者实习老师借阅的相关多媒体教室。可以根据授课班级实际人数情况选择大小合适的教室。

2.3.3.3 工具准备

根据实验学生人数准备纸笔，每人 1 张 A4 白纸、1 支黑色签字笔或钢笔，实验老师准备 1 个实验记录本、计时器；实验数据分析需要计算机、办公软件、数据分析软件（SPSS18.0 或 Stata16.0）等。

2.3.4 实验资料

学生需要提前学习关于国际贸易和比较优势的相关理论，教师可以先布置这方面的理论习题让学生完成，如计算某国或者某地区在生产某种商品上与另一国或者地区相比的绝对优势和比较优势。安排学生收集经济发展水平相近的国家和地区的贸易信息、经济发展水平有较大差距的国家和地区的贸易信息。了解中国改革开放 40 多年的成就。

2.3.5 实验要求

2.3.5.1 贸易可以使交易双方都受益

实验中贸易可以促进分工及专业化，每个组的学生可以专注于生产自己具有比较优势的产品，和对方交换自己不具有比较优势的产品，这样每种产品的总量都会增加，每一位学生在劳动时间不变的情况下都能拥有更多的产品组合，大家的状况都在变得更好。

2.3.5.2 贸易的利益来源于比较优势

通过实验，我们发现即使一个国家或地区在任何一种产品的生产上与另外的国家或者地区相比都需要更高的投入，即没有绝对优势，但它总会拥有自己的比较优势，它只要生产自己具有比较优势的产品进行出售，购买自己不具备比较优势的产品，那么最终它也将拥有比自给自足情况下更多的经济福利。

2.3.6 实验过程

2.3.6.1 实习动员

明确实习内容及时间安排、完成实习分组、分配实习任务、强调实习纪律，学生首先了解我们的实习目的及意义。

2.3.6.2 实验角色界定

实验中 A 组（高效率组）：实验中 A 组的学生生产效率较高，生产 1 根火腿肠需要 1 小时，生产 1 片面包需要 1.5 小时。

实验中 B 组（低效率组）：实验中 B 组的学生生产效率较低，生产 1 根火腿肠需要 3 小时，生产 1 片面包需要 2 小时。

在本实验中假定火腿肠和面包是互补品，并且总是以 1:1 的比例实现一个效用单位，实验者获得 1 个积分，即 2 根火腿肠和 2 片面包搭配一起可以获得 2 个积分，2 根火腿肠与 4 片面包搭配一起同样也只能获得 2 个积分。

2.3.6.3 第一轮实验：没有贸易的经济状况

本轮实验假定两个地区之间没有贸易，各自都只能消费自己生产的产品。假设每个组的学生都拥有 20 小时的劳动时间，由学生自主决定他愿意生产的火腿肠和面包的数量，并要求学生在纸上记录下他生产的两种产品的数量以及根据 1:1 的比例能够获得的积分。

2.3.6.4 第二轮实验：自由贸易的经济状况

本轮实验假定 A、B 两个地区之间可以进行自由贸易，并且不考虑运输等交易成本。同样假设每个组的学生拥有 20 小时的劳动时间，由学生自主决定他愿意生产的火腿肠和面包的数量，并且学生被允许可以在教室里自由走动与其他学生进行沟通实现交换，积分原则和上一轮实验是一样的，也是火腿肠和面包按照 1:1 的比例计 1 分。实验中教师可以对沟通交易时间根据实验客观条件进行计时，可以是 3~5 分钟，也可以是更长的时间。实验结束要求学生各自在纸上记录下本轮交易完成后他们各自所拥有的火腿肠及面包的数量,并且根据之前设定的比例计算积分。

本轮交易结束后,学生将自己两轮实验的积分交给老师或者指定的市场管理者,自己比较总结两轮实验的积分多少,并分析原因,体会贸易可以使交易双方都受益的经济学原理,深刻理解比较优势理论。教师或者市场管理者在交易结束后进行调查,看哪个组还有火腿肠没有配上面包或者有面包还没有配上火腿肠。

2.3.6.5 实验报告撰写

要求学生将两轮实验中能够产生的火腿肠数量和面包数量分别记入表2-7中,作为后期撰写实验报告或进行实验分析的数据材料。

表2-7 比较优势实验积分表

	第一轮实验	第二轮实验
火腿肠数量		
面包的数量		
积分		

2.3.6.6 实习汇报交流

以6人左右为一组,完成实习成果及实习心得体会的汇报交流。包含对生产可能性边界、比较优势理论、分工促使专业化提高生产效率、贸易使交易双方都受益等的理解与体会。

2.4 互助互利实验

2.4.1 实验目的

实验通过垄断和卡特尔的利润最大化研究,采取4期的实验设置,分别以垄断、卡特尔共谋、卡特尔是否遵守共谋协议以及价格歧视4种不同情况下企业的盈利和销售情况,比较垄断市场和竞争市场的特点。使学生进一步深刻理解一个追求利润最大化的垄断企业定价会高于竞争均衡的价格,且数量低于竞争均衡的数量;同时垄断者获得的利润比竞争企业获得的总利润多;最后垄断条件下消费者和生产者剩余的总和低于竞争条件下二者的总和。

2.4.2 实验安排

2.4.2.1 实验时间

经济学专业模块实习或综合实习,根据各专业实习模块实习的安排,互助互利实验安排在第6学期,一般在学期的第17~20周,建议在学生先修课程微观经济学、宏观经济学,掌握了关于垄断理论和完全竞争市场理论之后再进行实验。

2.4.2.2 实验地点

经济管理学院项目管理与沙盘模拟实验实训室，或者实习老师借阅的相关多媒体教室。可以根据授课班级实际人数情况选择大小合适的教室。由于经济学专业学生人数较多，并且模拟市场交易学生会有来回走动的情况，建议选择阶梯教室等较大的多媒体教室。

2.4.2.3 实验组织

实验由实习老师组织学生在实验教室模拟自由市场交易，随机选择部分学生作为买者，其余学生作为卖者。实验中为了使学生更有动力参与到实验中来，实验需要一定的刺激和约束，教师可以在实验前向学生表明实验中的积分方式，并且将实验积分纳入学生的期末成绩考核中，这样学生会更现实地去考虑实验结果而不是敷衍了事。实验期间要求学生遵守实验规则和纪律。

2.4.3 实验准备

2.4.3.1 知识准备

了解微观经济学市场均衡理论、完全竞争市场理论、垄断理论、寡头理论以及寡头之间共谋形成卡特尔的相关知识。

2.4.3.2 场地准备

经济管理学院项目管理与沙盘模拟实验实训室，或者实习老师借阅的相关多媒体教室。可以根据授课班级实际人数情况选择大小合适的教室。

2.4.3.3 工具准备

根据实验学生人数准备纸笔，每人1张A4白纸、1支黑色签字笔或钢笔，老师准备1个实验记录本；实验数据分析需要计算机、办公软件、数据分析软件（SPSS18.0或Stata16.0）等。

2.4.4 实验资料

实验要求学生提前学习关于垄断、竞争与卡特尔的相关知识，了解初步的博弈论。安排学生通过报刊、杂志、网络等形式收集一些垄断企业和寡头企业的案例，了解反垄断法及国内外著名的反垄断案例。

2.4.5 实验要求

2.4.5.1 垄断市场

实验中的垄断是指市场中只有一个卖方提供一种产品的情况。这里的垄断者是追求利润最大化的，但是垄断者在追求利润最大化的过程中并不是随心所欲的，它的价格和销售量是受需求规律制约的，由需求曲线决定的。一个垄断者的总收入等于交易价格乘以该价格水平下的销售量。垄断者的总成本等于每单位产品的成本乘以产量，利润等于收入减去总成本。垄断者利润最大化的条件为边际收益等于边际成本。

2.4.5.2 垄断和竞争

垄断者会收取高于竞争均衡的价格，生产低于竞争均衡的产量；垄断者获得的利润比参与竞争的所有公司获得的总利润多；垄断市场的市场效率低于竞争市场。

2.4.5.3 卡特尔

卡特尔是指同一行业中的几家企业，通过协议的方式减少产出以获得更多的利益，使成员获得更大的利润。卡特尔期望像垄断者一样制定价格和产量，通过协议来统一成员的行为并实现利润分配。当成员具有相同的生产成本时，最大化利润的简单方法就是计算一个垄断者能够实现最大利润的产量，然后把这一产量平均分给每一家企业作为其生产限额。如果每家企业能够遵守协议生产限额的产量，那么所有企业的总产出就等于垄断的产出，每家企业可以以垄断的价格出售其产品，获得均等的利润。

但是卡特尔的勾结协议却往往很难坚持下去，在自利的逻辑下，每家企业都会有违反协议的动力，他们会通过违反限额多生产产品来获利，所以卡特尔的限产提价共谋协议往往很难长久。

2.4.5.4 价格歧视

垄断者可以通过消费者的偏好将他们分为2个或者2个以上的独立群体，并向不同的群体收取不同的价格从而实现利润最大化。

2.4.6 实验过程

2.4.6.1 实习动员

明确实习内容及时间安排、完成实习分组、分配实习任务、强调实习纪律，学生首先学习完全竞争、垄断、寡头等相关知识，了解完全竞争厂商理论、垄断市场理论以及对博弈论的初步认识。

2.4.6.2 实验角色界定

实验中的卖者：该实验中的卖者出售电影票，每一个卖者会得到一个自己的记录表，需要记录自己的编号，消费者的编号和消费者的买方价值及向这名消费者收取的价格。假设每张电影票的生产成本为10元。实验中卖者的利润为售卖商品的总收益减去其生产成本。

实验中的买者：买者将获得他们的买方价值信息，只要他们的支付意愿高于卖者收取的价格他们就会购买电影票。买者可以从几家卖者那里寻找要价最低的卖者购买他的产品。实验中买者的利润等于买方价值与购买价格之间的差额。

实验中的市场监督员：负责监督在卡特尔情况下各企业是否按照约定的价格和数量进行销售。

2.4.6.3 第一轮实验：垄断市场

本轮实验假设市场上只有唯一的卖者，选择一名学生作为实验中唯一的垄断卖者，他出售的电影票成本为每张10元。实验中由老师公布需求者的买方价值，卖方公布其出售价格，只要售价低于需求者的买方价值，需求者就会愿意购买，卖者在记录表上记下出售电影票的价格及数量，并计算利润。

2.4.6.4 第二轮实验：卡特尔

本轮实验根据班级人数多少选择6~10名学生充当供给者的角色，其余的学生充当需求者，由教师或者一名学生充当市场管理员的角色。由供给者通过共谋的形式形成一个卡特尔，达成协议以垄断的产量和价格完成市场交易，以实现与垄断形式下一致的利润，然后卡特尔将他们获得的利润分配给共谋的供给者，使他们获得高于没有卡特尔时的利润。

在这轮实验中，只要有2/3的供给者同意卡特尔的产量和价格协议，那么所有的供给者都必须遵守这一协议，严格按照协议的产量限额提供产品数量。供给者将他的价格公布给所有的买者，并且价格一旦确定就不能再改变。供给者可以在既定价格下出售不超过限额的任何产量。本轮实验的所有操作都是在市场管理员的监督下进行的。

2.4.6.5 第三轮实验：卡特尔是否违背共谋协议

本轮实验操作与第二轮相同，首先由卡特尔达成共谋协议，规定限定的产量和价格，供给者可以提出价格并可以随时改变其价格。本轮所有的交易没有市场管理员的监督。教师在场地设置的时候可以把几家供给者之间的距离设置远一些，以他们相互之间不能探知各自出售的产量和价格为宜。卖者要记录下他所售卖的价格以及买方编号，计算利润。

2.4.6.6 第四轮实验：价格歧视

在本轮实验中教师将需求者分为两类：学生票和非学生票。教师在给予学生票的需求者的身份认证中注明"学生"，他们具有更低的买方价值。供给者可以向拥有"学生"身份的买者收取更低的价格，教师要在实验开始想"学生"和"非学生"需求者，告知他们的买方价值。

本轮实验与第二轮实验相似，生产者形成卡特尔并制定限额。如果生产者的2/3都同意这一限额，那么限额即为有效。本轮的交易有市场监督员进行监督，企业可以向不同身份的买者收取不同的价格，此价格一旦提出不能再更改。实验结束由个企业记录下他们各自的价格、销售量和利润。

2.4.6.7 实验报告撰写

要求充当市场监督员的学生将每一轮实验中的价格和销量记入表2-8中，作为后期撰写实验报告或进行实验分析的数据材料。

表2-8 不同试验下卖者的价格、销售量和利润

	第一轮实验	第二轮实验	第三轮实验	第四轮实验
价格				
销售量				
利润				

2.4.6.8 实习汇报交流

以6人左右为一组，完成实习成果及实习心得体会的汇报交流。包含对垄断市场利润、垄断的价格歧视、卡特尔的形成与利润以及卡特尔共谋的不稳定性等的思考与总结。

2.5 生产效率的经济学实验

2.5.1 实验目的

实验模仿一个生产折纸弹跳小青蛙的工厂,通过将学生分成不同的小组,模拟不同的工厂,通过一系列实验测试企业中劳动力的变化对产出的影响。从而使学生进一步理解边际产量递减规律、工作场所的拥挤与生产效率以及生产过程中的"干中学"等理论知识也可以从实验中得到一定程度的体现。

2.5.2 实验安排

2.5.2.1 实验时间

经济学专业模块实习或综合实习,根据各专业实习模块实习的安排,生产效率的经济学实验安排在第6学期,一般在学期的第17~20周,建议在学生先修课程微观经济学、宏观经济学,掌握了劳动的边际产量递减规律的相关理论之后再进行实验。

2.5.2.2 实验地点

经济管理学院项目管理与沙盘模拟实验实训室,或者实习老师借阅的相关多媒体教室。可以根据授课班级实际人数情况选择大小合适的教室。由于经济学专业学生人数较多,并且模拟市场交易学生会有来回走动的情况,建议选择阶梯教室等较大的多媒体教室。

2.5.2.3 实验组织

实验由实习老师组织学生在实验教室模拟生产工厂,实验中为了使学生更有动力参与到实验中,实验需要一定的刺激和约束,教师可以在实验前向学生表明实验中的积分方式,并且实验积分纳入学生的期末成绩考核中,这样学生会更现实地去考虑实验结果而不是敷衍了事。实验期间要求学生遵守实验规则和纪律。

2.5.3 实验准备

2.5.3.1 知识准备

了解微观经济学供求均衡理论、劳动的边际产量递减规律、生产过程中的"干中学"等相关理论;知道企业一般都以劳动、土地、资本和原材料作为生产过程的投入要素;知道边际产量递减规律不仅对劳动的投入适用,而且对任何要素的投入都适用。

2.5.3.2 场地准备

经济管理学院项目管理与沙盘模拟实验实训室,或者实习老师借阅的相关多媒体教室。可以根据授课班级实际人数情况选择大小合适的教室。

2.5.3.3 工具准备

按照大约9人一组的规模准备每组1张课桌、1支记号笔、1辆运输车（可以用稍大的信封或者16开的书本代替）、1个文件袋作为仓库、白纸若干张。

2.5.4 实验资料

学生需要提前学习关于生产函数、生产效率、边际产量递减等相关知识。教师安排学生通过报刊、杂志、网络等途径收集关于企业并购的相关案例，了解企业并购前后的业绩变化情况。

2.5.5 实验要求

2.5.5.1 边际产量递减

边际产量递减规律表明如果一个企业连续增加一种可变要素的投入数量，而保持其他要素的投入数量不变，随着可变要素数量的不断增加，每增加一个单位所能带来的额外产量将逐渐减少。这一法则不仅对劳动投入适用，对所有生产要素的投入都适用。在本实验中，教师通过严格控制实验中固定资本的投入量，仅仅增加劳动的数量让学生感受边际产量递减这一规律。

2.5.5.2 生产函数

企业的生产函数定义为每一种投入对应的企业最大产出。如果其他投入不变，仅仅改变劳动力的数量，那么产出是劳动投入这个单一变量的函数。一家企业劳动的平均产量等于总产出除以总工人数；一家企业劳动的边际产量指每增加一个劳动力所带来的额外产出。

在本实验中，我们保持其他要素入数量不变，通过改变企业劳动力的数量，衡量劳动与产出之间的关系。在本实验中因为我们每次增加的工人数不止1人，所以我们对边际产量的计算进行细微的调整，即用增加的产量除以增加的工人数来估计一个工人的边际产量。

2.5.6 实验过程

2.5.6.1 实习动员

明确实习内容及时间安排、完成实习分组、分配实习任务、强调实习纪律，学生首先学习供求均衡理论、劳动的边际产量递减规律、生产过程中的"干中学"等相关知识。

2.5.6.2 实验角色界定

实验中的监督员：根据学生人数的分组情况每组配备1名监督员，主要负责监督该组的整个生产流程是否按照老师的要求进行。

实验中的质检员：整个实验配备1名质检员负责检验每组制作的纸青蛙是否弹跳合格，只有质检员验收合格的纸青蛙才能运输入库。

实验中的入库检验员：整个实验配备1名仓库检验员负责检验每组是否按照要求将纸青蛙装入指定的仓库。

2.5.6.3 第一轮实验：小规模企业生产效率

实验根据班级人数多少进行分组，6~9人一个组，每组形成一个生产企业，每组配备1名生产监督员，负责监督该组的生产是否符合程序要求。实验开始前由老师向学生演示纸青蛙的具体折法，直到学生都掌握了具体步骤，分发实验器材，宣布具体的实验规则。在整个实验中每组将拥有一个指定的工作台（工作台设在教室的最前面）、1支记号笔、1辆运输车（可以是一本16开的书本）、1个仓库（文件袋），仓库设在教室的最后面。实验规则：每轮实验时间为3分钟，由组员用专用的运输车到讲台处运白纸到工作台上折纸青蛙，每次运输领取白纸必须是在上一个产品折叠完成之后。折叠的过程必须按照老师演示的步骤进行，完成以后每一只成品指定位置必须用专用的记号笔写上班级和组号，如经济学2017级第1组，没有标识的为不合格品，然后用专用的运输车将纸青蛙运到质检员处完成试跳，试跳合格以后再用运输车运到教室最后面的仓库处装在各组指定的文件袋里，完成一次完整的生产。实验正式开始，先由老师进行分组并且指定每组的监督员，质检员到空地等待质检，入库检验员到教室最后仓库处待命。第一轮实验每组只需要3人参与到实验中，其余组员赋闲等待。实验结束后由教师或者指定的学生记录下每组完成的产品数量。

2.5.6.4 第二轮实验：扩大规模的企业生产效率

本轮实验的实验器材和实验规则与上一轮实验都是一样的，只是每组成员增加2~3人。即模拟在现实生产中当工厂、机器设备等固定资产不变时，增加劳动供给，观察劳动的边际产量变化的情况。本轮实验结束后同样由教师或者指定的学生记录下每组完成的产品数量。

2.5.6.5 第三轮实验：拥挤工厂的生产效率

本轮实验的实验器材和实验规则都与上一轮相同，只是在上一轮的基础上继续每组增加2~3人。本轮实验结束后由教师或者指定的学生记录下每组完成的产品数量。向学生公布每一轮实验各组完成的产品数量以及后一轮较前一轮新增的产品数量。

2.5.6.6 实验报告撰写

要求充当实验监督员的学生将每一轮实验的相关数据记入表2-9中，作为后期撰写实验报告或进行实验分析的数据材料。

表2-9 每轮实验中的产出

	第一轮实验	第二轮实验	第三轮实验
每家企业人数			
企业数量			
所有企业总产量			
每家企业总产量			
劳动的平均产量			
劳动的边际产量			

2.5.6.7 实习汇报交流

以生产分工的小组为单位，完成实习成果及实习心得体会的汇报交流。

附录　关于消费者食品安全意识与行为调查问卷

尊敬的先生/女士：

　　您好！我们是西南林业大学的学生，为了了解消费者对于食品安全意识与行为的看法，正开展关于消费者食品安全意识与行为的市场调查。调查问卷采用的是不记名方式，请您放心帮助我们填写以下信息。谢谢您！

1. 您的性别（　　）。
   A. 男　　　　　　　　B. 女
2. 您的年龄（　　）。
   A.18~30 岁　　　B.31~40 岁　　　C.41~50 岁　　　D. 51~60 岁
3. 请问您平时习惯在哪里就餐（　　）。
   A. 家里　　　　　B. 一般餐馆　　　C. 高档餐馆　　　D. 外卖
4. 您选择除家里以外的地方饮食消费时，原因是（　　）。
   A. 更有价格优势　　B. 味道更为可口，品种更为丰富
   C. 卫生状况好　　　D. 更方便　　　　E. 其他_____
5. 您怎么看待火锅"老油"的问题（　　）。
   （"老油"即店家将使用过的底油回收，处理后再混合使用，以保证味道。）
   A. 老油吃着香而且高温杀菌，没有关系
   B. 不赞成用老油，但为了好味道偶尔吃几次还是可以的
   C. 从来不吃，拒绝老油
6. 购买熟食时，对于工作人员没有戴口罩、帽子的行为，您会（　　）。
   A. 很介意，不购买　　　B. 有些介意，但还是会买　　　C. 从不注意
7. 【多选】您所遇到的食品安全问题有（　　）。
   A. 三无产品　　　　B. 过期食品　　　　C. 包装不合格
   D. 虚假或错误标签标识　　　　　　　　E. 变质食品
8. 【多选】您选购食品时主要关心（选出您最关心的前三项）（　　）。
   A. 食品的色泽外观等感观方面　　B. 价格　　　　　C. 品牌
   D. 生产日期与保质期　　　　　　E. 相关检验证明　F. 生产加工厂家
   G. 配料表　　　　　　　　　　　H. 净含量　　　　I. 其他_____
9. 【多选】在食品安全问题中，您担心的主要有（　　）。
   A. 蔬菜中农药高残留　　B. 食品中违规使用添加剂（如防腐剂、色素）

C. 病死牲畜肉　　　　　　D. 非食用油（如地沟油、泔水油、垃圾肉油）流入餐桌

E. 虚假或错误标签标注　　　F. 食品过期变质

G. 抗生素残留　　　　　　H. 重金属残留　　　I. 散装食品卫生

J. 食物中毒　　　　　　　K. 其他_____

10. 您最想了解的食品安全相关信息是（　　）。

　　A. 辨别食品优劣及安全与否的方法　　B. 食物中毒抢救知识

　　C. 营养、保健知识　　　　　　　　D. 其他_____

11. 您知道 QS 标志（　　）。

　　A. 知道，并了解具体实施 QS 标志的食品种类

　　B. 听说过，但不了解实施 QS 标志的食品种类　　C．不知道

12.【多选】您认识下列哪些食品认证标识（　　）。

　　A.　　　　B.　　　　C.　　　　D.

13. 买到不安全的食品后，您通常采取的做法是（　　）。

　　A. 与经营者交涉　　　　B. 向消协投诉　　　　C. 向有关行政部门申诉

　　D. 算了，自认倒霉　　　E. 其他_____

14.【多选】平时主要通过何种途径获得食品安全知识（　　）。

　　A. 政府宣传　　　B. 网络、电视、报纸　　　C. 讲座、课堂

　　D. 书籍等　　　　E. 与朋友或学生交流　　　F. 其他_____

15. 您对当前食品安全形势看法是（　　）。

　　A. 问题太多，令人失望　　　B. 有些问题，但可以解决

　　C. 问题不大，无所谓　　　　D. 形势向好的方向发展

16.【多选】您认为造成目前食品安全问题众多的原因是什么（　　）。

　　A. 不法食品生产加工企业和个人利欲熏心

　　B. 对失信企业和个人的惩罚力度不够

　　C. 各主管部门职责不明　　　D. 各执法部门沟通不畅，缺乏配合

　　E. 购买者假冒伪劣鉴别能力不高　　F. 其他_____

17.【多选】您认为以下措施哪些对食品安全问题最有效（　　）。

　　A. 行政主管部门加强监督　　　B. 消费者提高自身食品安全意识

　　C. 对生产不符合食品安全标准的企业严加惩罚　　　D. 曝光典型案件

　　E. 倡导诚信经营，行业加强自律　　　F. 其他_____

18. 在进行食品消费时，您会注意相关的营业执照，食品卫生许可证等有效证件吗（　　）。

　　A. 很关注　　　B. 偶尔关注　　　C. 没注意

感谢您在百忙之中为我们填写调查问卷，祝您生活愉快。

第 3 章

创业商业模式

本章提要： 商业模式是描述企业如何创造价值、传递价值和获取价值过程的方式方法。本章将以润土帮帮城乡消费合作社作为典型案例，从利益相关者的多维视角全方位地解析 CSA 的生产经营模式，主要从 CSA 产生的背景、润土帮帮城乡互助消费合作社的案例分析、生产者调查分析、消费者调查分析、商业模式画布和高质量推文制作与推送等方面揭示润土帮帮的商业化和社会化相结合的社会化企业的独特运作模式，并展望其发展前景，为创新创业提供新的视角、思维和路径。

3.1　食品安全、社区支持农业和中国农业生态化转型

3.1.1　实验目的

采用文献法对社区支持农业（CSA）特征画像。主要围绕CSA这一主题，从"为什么、是什么、做什么"的三维基本逻辑，从世界不同国家的横向维度和基于中国CSA的本土化实践的纵向维度，展开对CSA的全方位的认知。本实验主要是作为后面几个实验的铺垫，主要通过阅读CSA的相关材料，了解和掌握CSA产生的原因、含义、模式及其在中国的本土化实践，全面认识CSA的经济价值、生态价值和社会价值，同时，能够从更加宏观的视野审视我国农业现代化进程中的不足与困境，也能够客观地评价中国CSA实践的困境及在实现中国农业现代化进程中的局限，并从自己的视角阐述我国农业发展的方向与未来。

3.1.2　实验安排

3.1.2.1　实验时间
农村区域发展和农林经济管理专业模块实习。

3.1.2.2　实验地点
实习教师借阅的多媒体教室。

3.1.2.3　实验组织
学生5人左右一组，以团队方式共同完成，组长1名，按照组长负责组员、班长负责组长的方式层层落实管理责任和任务分解。

3.1.3　实验准备

3.1.3.1　知识准备
主要通过阅读CSA相关文献与著作，梳理和总结CSA成因、含义、类型和模式等基本知识点。文献的下载可以通过知网（CNKI）、国家哲学社会科学学术期刊数据库等下载北大核心期刊、南大核心期刊等文献或阅读《中国农业的生态化转型——社会化生态农业理论与实践》（温铁军主编）、《社区支持农业：理论与实践》（陈卫平主编）和《2019年中国CSA行业报告》等著作。

3.1.3.2　场地准备
以小组的方式收集和整理资料，主要在图书馆和教室展开。

3.1.3.3 工具准备

为完成实验主要准备必要的笔和笔记本,用于记录、梳理和绘制 CSA 成因、含义、类型、模式、困境及其对策;准备必要的彩笔和 A3(297mm×420mm,2 个 A4 纸大小)或 A2(420mm×594mm,4 个 A4 纸大小),充分发挥你的想象力,以图文并茂和逻辑严谨的方式绘制出 CSA 的前世、今生和来世的思维导向图,并能够体现出 CSA 的基本知识点。

3.1.4 实验资料

充分阅读 CSA 相关资料,归纳和总结关于 CSA 的成因、含义、特征、类型、模式、困境及其对策等内容,并以电子版形式,完成下面表 3-1 至表 3-5 内容的填写。

表 3-1 CSA 产生的背景和原因

来源	背景与原因	国别
1		
2		
3		
……		

注:以参考文献的形式标注出来源文献作者、名称、期刊及页码等内容。在阅读《改造传统农业》(舒尔茨)、《农业与工业化》(张培刚)、《寂静的春天》(蕾切尔·卡逊)的基础上,通过查阅中国和云南历年来每公顷耕地传统化肥和农药的施用量,从农业工业化的进程或石油化学农业的视角阐述 CSA 的成因。

表 3-2 CSA 含义与特征

来源	含义	特征
1		
2		
3		
……		

注:以参考文献的形式标注出来源文献的作者、论文名称、期刊及页码等内容。

表 3-3 CSA 类型与含义

来源	类型	运营模式
1		
2		
3		
……		

注:以参考文献的形式标注出来源文献的作者、论文名称、期刊及页码等内容。

表 3-4　CSA 类型的运营模式

来源	运营模式	箭线图方式绘制
1		
2		
3		
……		

注：箭线图为"箭线+图形"的方式明确运营模式涉及的不同利益相关者的物流、信息流和资金流的流入方向及其利益联结方式（市场连接、契约连接和股权连接等）。

表 3-5　不同类型 CSA 发展的困境及其破解

来源	发展困境	破解对策
1		
2		
3		
……		

注：以参考文献的形式标注出来源文献的作者、论文名称、期刊及页码等内容。

3.1.5　实验过程

3.1.5.1　CSA 资料充分收集

主要依托学校的图书馆、网上图书馆和数据库、百度学术和国家哲学社会科学学术期刊数据库等线上和线下资源，下载、打印、复印关于 CSA 的相关材料，在文献下载时，建议下载北大核心、南大核心的相关期刊文献。

3.1.5.2　CSA 资料的深入分析

以小组的方式阅读和学习相关材料，在简要了解了 CSA 的相关知识点后，围绕表 3-1 至表 3-5 所列的内容，以分工协作的方式重点阅读和深度学习，并以电子版的方式完成表内相关内容的填写。

3.1.5.3　CSA 思维导向图的绘制

基于表 3-1 至表 3-5 对 CSA 基本知识点的归纳和梳理，从小组最关注的一个主题或视角，用彩笔在纸张上以图文并茂的方式绘制出 CSA 的思维导向图，但不限于思维导向图，绘制时间 2 课时。

3.1.5.4　CSA 思维导向图的汇报

各小组请将绘制的 CSA 思维导向图张贴在教室指定位置，以供学生分享、学习和交流，各小组汇报时请站在思维导向图旁，用 5 分钟左右的时间向学生和老师进行汇报，汇报结束后，小组其他成员进行必要的补充。汇报结束后由老师或学生进行提问和交流，并对运营模式图或思维导向图进行修正和完善。

3.2 润土帮帮城乡互助消费合作社案例

3.2.1 实验目的

采用典型案例分析方法对润土帮帮城乡互助消费合作社进行画像。基于3.1实验的基础，以昆明市润土帮帮城乡互助消费合作社为例，采用典型案例分析的方法，明确消费合作社推动型CSA，"消费合作社+CSA"发展的历程、运作模式、现状、困境、化解对策和未来发展的展望，重点从"价值使命——战略定位——组织匹配"的逻辑，阐述消费合作社推动型CSA在上述3个维度的匹配性，从而明确该模式区别于其他CSA模式的特征，并从利益相关者的视角解析以消费合作社推动型CSA的运营模式。

3.2.2 实验安排

3.2.2.1 实验时间
农村区域发展和农林经济管理专业模块或综合实习。

3.2.2.2 实验地点
多媒体教室和润土帮帮城乡互助消费合作社体验店（昆明北市区书香门第）。

3.2.2.3 实验组织
学生5人左右一组，以团队方式共同完成，组长1名，按照组长负责组员、班长负责组长的方式层层落实管理责任和任务分解。

3.2.3 实验准备

3.2.3.1 知识准备
主要通过收集、阅读和分析消费合作社和润土帮帮相关文献与著作，梳理和总结消费合作社推动型CSA的含义、消费合作社与CSA匹配性、发展历程、运营模式、发展困境、局限、破解对策和未来展望等基本的知识点。文献的收集可以通过消费合作社订阅号、宣传资料、创始人兼管理人员宣讲等以及阅读《消费合作社经营论》（高村勋）和《一根萝卜的革命——用有机农业改变世界》等方式进行收集。

3.2.3.2 场地准备
以小组的方式收集和整理资料，主要在教室展开。

3.2.3.3 工具准备
准备笔和笔记本，用于记录、梳理和绘制润土帮帮发展历程、含义、运营模式、发展困境及其对策；准备必要的彩笔和A3（297mm×420mm，2个A4纸大小）或A2

（420mm×594mm，4个A4纸大小），充分发挥你的想象力，以图文并茂和逻辑严谨的方式绘制出CSA的前世、今生和来世的思维导向图或运营模式图。

3.2.4 实验资料

充分阅读和分析润土帮帮城乡互助消费合作社推动型CSA相关资料，归纳和总结关于润土帮帮的发展历程、特征、运营模式、发展困境及其破解对策等内容，并以电子版形式，完成表3-6至表3-10内容的填写。

表3-6 消费合作社推动型CSA产生的背景和原因

来源	背景与原因	国别
1		
2		
3		
……		

注：以参考文献的形式标注出来源文献的作者、论文名称、期刊及页码等内容。

表3-7 消费合作社推动型CSA的含义与特征

来源	含义	特征
1		
2		
3		
……		

注：以参考文献的形式标注出来源文献的作者、论文名称、期刊及页码等内容。

表3-8 消费合作社推动型CSA的类型与含义

来源	类型	运营模式
1		
2		
3		
……		

注：以参考文献的形式标注出来源文献的作者、论文名称、期刊及页码等内容。

表3-9 消费合作社推动型CSA的运营模式

来源	运营模式	以箭线图的方式绘制
1		
2		
3		
……		

注：箭线图为"箭线+图形"的方式明确运营模式涉及的不同利益相关者的物流、信息流和资金流的流入方向及其利益联结方式（市场连接、契约连接和股权连接等）。

表 3–10　消费合作社推动型 CSA 的困境及其化解

来　源	发展困境	破解对策
1		
2		
3		
……		

注：以参考文献的形式标注出来源文献的作者、论文名称、期刊及页码等内容。

3.2.5　实验过程

3.2.5.1　润土帮帮资料收集

主要通过润土帮帮城乡互助消费合作社公众号、线上麦客 CRM 系统和线下消费合作社体验店体验以及互联网上的资源，收集和整理关于消费合作社的资料。

3.2.5.2　润土帮帮资料分析

以小组的方式阅读和学习相关材料，在简要了解润土帮帮城乡互助消费合作社的相关知识点后，围绕表 3-6 至表 3-10 的内容。建议以分工协作的方式重点阅读和深度学习，并以电子版的方式完成表内相关内容的填写。

3.2.5.3　润土帮帮运营绘制

基于表 3-6 至表 3-10 对润土帮帮基本知识点的归纳和梳理，从一个你们小组最关注的一个主题或视角，用彩笔在纸张上以图文并茂方式绘制出润土帮帮的运营模式图或思维导向图，绘制时间 2 课时。

3.2.5.4　CSA 思维导向图的汇报

各小组请将绘制的润土帮帮运营模式图或思维导向图张贴在指定位置，以供学生分享、学习和交流，各小组汇报时请站在图旁，用 5 分钟左右的时间汇报，汇报结束后，小组其他成员进行必要的补充。汇报结束后由老师或学生进行提问和交流，对运营模式图和思维导向图进行修正和完善。

3.3　润土帮帮生产者调查分析

3.3.1　实验目的

生产者特征画像。该实验主要采用典型调查和重点调查的方式，综合运用文献法、访谈法、问卷法和观察法，锻炼提升学生资料整理、问卷设计、田野调查、数据挖掘分析等几个方面与维度的能力，首先，通过学生对润土帮帮 CSA 农户,即生产者的调查问卷的设计、调查和分析，提升学生资料收集、整理和归纳的能力，并据此完成针对 CSA 利益相关者中生产者的调查问卷设计；其次，在调查问卷的现场实地调查，锻炼和提升完成问卷调查的语言表达和沟通的能力；再次，利用 Excel、SPSS18.0 和 Stata16.0 等统计软件完成调查问卷编码、数据录入、修正、统计和分析能力，诸如描述性统计分析、交叉列联分析、相关性分析、回归分析和分析等；最后，基于调查问卷统计分析的数据，按照课程实习报告的格式要求，见本章附录 1 完成实习报告的撰写和汇报。

3.3.2 实验安排

3.3.2.1 实验时间

农村区域发展专业农村社会经济调研，在学期第 17~20 周。

3.3.2.2 实习地点

云南省安宁禄脿镇密马龙行政村滑石板苗寨和经济管理学院虚拟仿真实验室。

3.3.2.3 实验组织

学生 5 人左右一组，以团队方式共同完成，组长 1 名，按照组长负责组员、班长负责组长的方式层层落实管理责任和任务分解。

3.3.3 实验准备

3.3.3.1 知识准备

主要采用观察法和村委会干部访谈对农户所在行政村和自然村的地理位置、资源、人口、经济、社会和文化基本情况的了解和把握。CSA 的内涵和运作模式等基本理论与知识的必要储备；调查访谈时基本的沟通技能和调查技巧的把握，营造相对宽松和舒适的访谈氛围，提高调查效率和调查结果的信度、效度。

3.3.3.2 场地准备

可以根据实际情况和需要采取灵活的方式完成调查地点的选择，诸如可以在滑石板村委会办公室完成对召集农户的调查，也可以以小组的形式由 CSA 农户带队深入田间地头完成农户的调查。

3.3.3.3 工具准备

包括野外和室内工具准备。野外调查需要随身携带打印好的调查问卷和笔，最好携带录音笔或者应用手机全程录音录像，以备回听录音和回看录像完成调查问卷的修正和调研报告的撰写；室内问卷的统计与分析需要计算机、办公软件、数据分析软件（SPSS18.0 或 Stata16.0）等。

3.3.4 实验资料

3.3.4.1 CSA 资料收集与阅读

以下仅列示相关阅读材料，在 CSA 资料收集与阅读过程中可以根据实习需要拓展和丰富关于 CSA 的相关材料。

程存旺，周华东，石嫣，等，2011. 多元主体参与、生态农产品与信任——"小毛驴市民农园"参与式实验研究分析报告 [J]. 兰州学刊（12）：54-60.

吴天龙，刘同山，2014. "社区支持农业"模式及其在我国的发展 [J]. 商业研究（8）：90-94.

傅荣，杨洋，裘丽，2015. 中国社区支持农业发展及盈利模式研究——基于"花木兰"农场的实证研究 [J]. 开发研究（5）：36-40.

董欢，郑晓冬，方向明，2017. 社区支持农业的发展：理论基础与国际经验 [J]. 中国农村经济（1）：82-92.

郑晓冬，董欢，方向明，2017. 社区支持农业的消费者参与意愿研究——基于计划行为理论框架 [J]. 经济与管理（7）：33-38.

3.3.4.2 CSA 生产者农户调查问卷范例

主要包括农户及其家庭基本信息、农户 CSA 认知情况调查、CSA 农户生产经营行为调查、农户农产品生产经营情况调查、农户加入 CSA 前后成本收益情况调查和 CSA 农户与帮帮合作情况调查等，见本章附录 2。

3.3.5 实验要求

3.3.5.1 CSA 产生背景分析

了解和掌握关于 CSA 产生、兴起和发展历程，在解决食品安全，促进农业生态化转型；提升农产品供给质量，提高农民收入；实现城乡互动、融合发展，缩小城乡差距；实现农业经济、社会、文化、政治和生态等多功能性促进乡村振兴等方面所起的作用，以及内在逻辑和作用路径。

3.3.5.2 CSA 调查问卷设计

调查前，每个学生必须通过收集、阅读关于 CSA 的定义、渊源（来自于家庭主妇创意）发展现状、问题（管理困境、人次困境、生产困境、消费困境）、历程、模式、基本特征和商业模式等相关材料，基于利益相关者理论，设计完成针对 CSA 利益相关者中的生产者的访问提纲、调查提纲和调查问卷。

3.3.5.3 CSA 运作模式分析

了解和把握关于 CSA 的盈利模式、商业模式和运作模式，不同利益相关者之间风险共担、收益共享和公平互信的运作机制，诸如可以围绕 CSA 得以顺利运转的生产者与消费者信任关系的原因，或者说 CSA 农户建立消费者食品信任的策略，如检验关怀理念、开放的生产方式、与消费者的频繁互动、共享的第三方关系和高质量供应等策略对建立消费者食品信任的影响。

3.3.6 实验步骤

3.3.6.1 实习动员

明确实习内容及时间安排。观看帮帮视屏《土货都去哪里了》，通过帮帮健康生活馆平台和微信公众号完成消费购买体验，了解润土帮帮的"使命、愿景、组织结构、运作方式、盈利模式、商业模式、独特的竞争优势"等相关问题，基于对帮帮的了解，并通过互联网收集社区支持农业的相关资料，明确实习分组，见表 3-11 所列。

表 3-11 实习分组和访谈团队组建及分工表范例

组号	组长	调研主题	姓名	学号	联系电话	签到处
第一组						
第 N 组						

3.3.6.2 帮帮宣讲

邀请润土帮帮相关负责人到院里互动访谈交流，明确学生调查主题。明确不同组别相关的调研主体，并完成相关调查提纲和问卷的设计。互助消费合作社和润土帮帮商贸股份有限公司负责人樊有刚、陶重任和徐国玉到西南林业大学经济管理学院交流动员。为提升交流互动效果，可以委托实习班级组成访谈团队，包括主持人、摄像师、后勤服务等人员，围绕润土帮帮创立的初衷、运营的绩效情况、经营过程主要面临的问题及其化解思路。

3.3.6.3 现场访谈

润土帮帮利益相关生产者农户农园实地观察、体验、访谈和调查。根据实习安排完成针对滑石板村 CSA 农户生产经营情况的调查，见表 3-12 所列，可以围绕农户与润土帮帮合作历程调查、农户农业生产经营情况调查、CSA 农户与非 CSA 农户经营成本效益的对比分析调查、基于润土帮帮农产品生产、运输、销售、配送价值链环节的价值提升分析等主题，也可以围绕滑石板村的乡村振兴的产业兴旺、生态宜居、治理有效、乡风文明和生活富裕 5 个方面展开实地调研。

表 3-12　综合实习行程安排

时间	活动安排	相关准备及说明	协调人	备注
8:20~8:30	西南林业大学一号门集合 统一乘车出发	签到 注意事项	老师	最晚 8:35 出发,提醒携带雨具、水杯和餐具
8:30~10:30	前往安宁滑石板苗寨,视频了解张大哥	车上介绍相关情况 播放土货都去哪儿啦	老师和负责人	相互认识 车上互动游戏
10:30~11:00	下车休息	无	无	篮球场停车
11:00~11:40	参观生态菜园	听张大哥介绍基本情况	农户和负责人	生态菜园
11:40~12:40	生态自助午餐	煮红豆 炒腊肉　炖豆腐	农户和负责人	提倡节约环保,自带碗筷,方便洗刷
12:40~13:00	苞谷面粉洗碗	可持续的清洁用品	负责人	洗洁精等化学制品危害
13:00~14:00	除草 分组观察访问	生态菜园、其他农户 土　种	老师	土壤、肥力、草、昆虫、湿热度对比
14:00~17:00	爬山、对话张大哥 交流	交流沟通生态种养殖案例和社区发展等问题	农户和负责人	困惑、兴趣和不清楚的地方
17:30~17:50	晚饭	桌餐	农户和负责人	全部食材源于张大哥生态菜园
17:50~20:00	返程	总结梳理一天的活动	老师和负责人	无

3.3.6.4　撰写报告

实现对既有调查主题的系统化认知、了解和提升。依据调查提纲、访谈记录和调查问卷,进行数据整理和分析,提出问题和建议,依据经济管理学院综合实习报告撰写格式要求,最终完成实习报告撰写。实习报告的撰写可以按照以下的思路:

思路 1:传统主题——可以调研某一主题的现状、问题及对策;

思路 2:可以按照参与 CSA 与传统农户农产品生产差异;

思路 3:基于润土帮帮的"利益共享、风险共担"的利益联接机制;

思路 4:为什么是他们选择润土帮帮的运作模式,解释润土帮帮负责人的人格特征。

3.3.6.5　实习汇报

各组完成实习成果汇报、应辩和完善。各小组分工协作,以幻灯片方式汇报实习报告成果具体包括幻灯片的制作、汇报的整个思路框架和汇报人等,陈述时间为 10~15 分钟,汇报内容除实验结论等基本的报告内容外,还包括个人心得、有待深入思考的问题,甚至可以是对此次实习的内容和程序有待完善的建议;然后由带队教师、帮帮负责人进行提问交流和互动。

3.4 润土帮帮消费者调查分析

3.4.1 实验目的

基于消费者调查问卷的统计分析对消费者特征画像。实验主要采用半结构访谈方式，综合采用访谈法、问卷法和观察法，通过到润土帮帮健康生活馆（昆明市北市区春之城店铺）和润土帮帮城乡互助消费合作社体验店（昆明北市区书香门第），主要依据CSA利益相关者之消费者调查问卷，展开面对面的访谈交流或电子版调查问卷展开调查，附录3提供了消费者调查问卷的参考范本，学生可以根据访谈主题的差异进行调整。在访谈中做好录音和访谈后的资料整理工作，并基于调查问卷的统计分析，能够从个人特征变量、家庭特征变量、认知行为变量、偏好特征、需求特征、消费额度、消费频率等多维度多角度对消费者进行画像，以精准定位CSA所提供的绿色生态农产品所主要满足和对接消费者和市场细分市场。

3.4.2 实验安排

3.4.2.1 实验时间

农村区域发展和农林经济管理专业模块和综合实习。

3.4.2.2 实验地点

润土帮帮健康生活馆（昆明市北市区春之城店铺）和润土帮帮城乡互助消费合作社体验店（昆明北市区书香门第）。

3.4.2.3 实验组织

学生5人左右一组，以团队方式共同完成，组长1名，按照组长负责组员、班长负责组长的方式层层落实管理责任和任务分解。

3.4.3 实验准备

3.4.3.1 知识准备

CSA、消费合作社和润土帮帮等基本知识的必要储备；同时，要求学生能够根据消费者访谈对象的年龄、性别和文化程度等特征，营造宽松舒适的访谈氛围，合理使用访谈和沟通技巧，以提高访谈的效率和结果的信度、效度。

3.4.3.2 场地准备

针对有时间接受现场面对面访谈的消费者，主要在润土帮帮健康生活馆和润土帮帮城乡互助消费合作社体验店展开对消费者的访谈，针对现场没有时间接受访谈但有时间时可以完成电子版问卷的消费者，留下微信、电话等联系方式，以发送链接的方式完成电子版访谈问卷的调查。

3.4.3.3 工具准备

面对面的访谈需要随身携带打印好的调查问卷和笔，最好携带录音笔或者应用手机全程录音或录像，以备回听录音和回看录像完成调查问卷的修正和调研报告的撰写；问卷的统计与分析需要用到的计算机、办公软件、数据分析软件（SPSS18.0 或 Stata16.0）等。

3.4.4 实验过程

3.4.4.1 CSA 消费者资料充分收集

根据研究主题的切入点，收集 CSA 消费者相关论文。依据附录 3，设计完成针对 CSA 消费者的调查问卷设计。具体问卷的类型可以根据研究的主题，考虑设计成开放式的调查提纲、结构清晰的调查问卷和李克特五分制量表等形式。

3.4.4.2 消费者问卷设计与预调研

围绕 CSA 消费者个人特征变量、家庭结构特征、学历特征、收入特征、偏好特征、需求特征、购买意愿、购买额度和购买频率等方面设计调查问卷，到实体店展开预调查，并根据预调查情况完善修正调查问卷。

3.4.4.3 消费者问卷的统计分析

采用 Excel、SPSS18.0、Amos 等统计软件完成调查问卷编码、数据录入、修正、统计和分析能力，诸如描述性统计分析、交叉列联分析、相关性分析、回归分析（逻辑回归）、因子分析和结构方程模型，充分揭示 CSA 消费者的多维度特征。

3.4.4.4 润土帮帮消费者特征画像

基于问卷统计分析的数据，从消费者个人特征变量、家庭结构特征、学历特征、收入特征、偏好特征、需求特征、购买意愿、购买额度和购买频率等维度全面揭示昆明 CSA 消费者的画像。并据此作为实习报告和汇报的重要内容

3.5 润土帮帮商业模式画布

3.5.1 实验目的

采用商业模式画布对润土帮帮城乡互助消费合作社画像。实验主要采用商业模式画布的方法分析润土帮帮的商业模式。要求学生在熟悉商业模式、商业模式画布、构成要素和运用操作步骤的基础上，学生能够掌握商业模式画布对既有的商业模式进行归纳、总结和分析，并能够运用商业模式画布聚焦于某一具体的产品或服务某一价值链环节（如

润土帮帮的价值主张、生产者、消费者、线上运营平台、线下产品体验、产销对接的消费合作社等），进行商业模式的创新性实践，并最终绘制形成润土帮帮的商业模式画布，进行展示、讲解和展望（社会型企业），从而揭示润土帮帮的愿景、使命、客户创造与维护、关键资源获取与运用，进而形成快速响应市场和消费者需求变化的核心动态竞争力。

为不断深化对商业模式画布和CSA的认识，润土帮帮商业模式画布采取3轮持续提升的方式，首轮是学生基于视频和资料收集、阅读等间接资料的学习初步绘制的润土帮帮画布1；次轮是学生基于润土帮帮管理人员的宣讲与互动交流修正和完善润土帮帮画布2；最后一轮是学生基于润土帮帮利益相关者（生产者、消费者、消费合作社会员、管理者等）的调查和现场实习体验进一步完善润土帮帮画布3，在此基础上，明确润土帮帮、CSA及农业社会化生态化转型的趋势、现状、困境及破解。

3.5.2 实验安排

3.5.2.1 实验时间

农村区域发展专业或农林经济管理专业模块实习或综合实习，根据各专业实习模块实习的安排，商业模式画布安排在第10学期，一般在学期的第17~20周，建议在润土帮帮人员宣讲与学生互动交流后，在正式调研之前展开，便于学生对润土帮帮的商业模式有更深的了解和掌握。

3.5.2.2 实验地点

经济管理学院项目管理与沙盘模拟实验实训室，或者实习老师借阅的相关多媒体教室。可以根据授课班机实际人数情况选择大小合适的教室，由于商业模式画布是以小组方式完成润土帮帮商业模式的解析，教室的桌椅最好可以移动，便于组成中间是桌子四周为椅子的排列方式，以利于小组进行讨论。

3.5.2.3 实验组织

学生4~6人一组，以团队方式共同完成，组长1名，按照组长负责组员、班长负责组长的方式层层落实管理责任和任务分解。分组既是作为开展实习的组织协调方式，也是作为实习不同模块的组织载体和协调方式。各组在进行商业模式画布实验过程中，可以根据画布要素的功能任命不同的负责人，如匹配客户关系、客户细分和客户渠道的客户经理和市场营销经理，匹配成本结构与收入结构的财务经理等，匹配关键活动的项目经理等。

3.5.3 实验准备

3.5.3.1 知识准备

采用商业模式画布，需要明确商业模式画布的含义、要素和程序，并明确每一要素的内涵，最好结合案例的形式解释商业画布，并要求各小组能够举一反三讲解相同的例子。为提高商业模式画布的趣味性和难度，可以不事先讲解其步骤顺序，在学生了解和掌握商业模式画布含义和要素的基础上,并结合具体的案例进行分析后,主要采用头脑风暴法,让小组成员充分讨论和交流的基础上,针对商业模式画布要素的顺序进行排列、陈述和说明,并请各小组针对分歧展开深入的探讨和交流,之后由教师进行点评,让学生明白结果可能不重要,只要你能够自圆其说,在说服自己的基础上,尽量说服别人。以下关于商业模式内涵、要素、程序和要素关系的一个说明和简单展示,要求学生在学习以下相关资料的基础上,以及在现场实习,对 CSA 等利益相关者访谈调查交流的基础上,能够较为熟练地应用画布对 CAS 进行分析,最好邀请润土帮帮相关管理人员参加,对学生分析进行点评。

商业模式画布是一种可视化语言,用来描述商业模式、评估商业模式甚至改变商业模式的一种通用语音。商业模式画布不是一种布,他是一种思维方式,是帮助你梳理你头脑中商业模式的一种工具。商业模式画布包括 9 个要素,分别是价值主张、客户细分、客户关系、客户渠道、关键活动、关键资源、关键伙伴、成本结构和收入结构,在此,我们可以将商业模式画布总结为"一主张、二结构、三客户和三关键"。商业模式画布要素之间的关系。纵向来看是三关键,即关键伙伴、关键活动、关键资源共同构成企业的成本结构;三客户,即客户关系、客户细分、客户渠道共同构成企业的收入结构。横向来看是一主张、三客户和三关键,即秉承企业拥有什么资源、主张什么价值、满足什么客户的逻辑进行企业顾客价值的创造,并形成企业的成本结构和收入结构(表 3-13)。

表 3-13 商业模式画布及要素简介

关键伙伴: 谁可以帮我	关键活动: 我要做什么	价值主张: 怎样帮助他人	客户关系: 怎样和对方打交道	客户细分: 能帮助谁
公司同其他组织结构或个人之间为有效提供价值形成的或者关系网络	实现价值主张过程中企业开展的增值业务活动;可以从价值链的各链条进行分析:研发、生产、营销(市场)、销售、交付、售后服务、内部支持管理系统;从中选取关键节点做透,成为自己的核心竞争力	企业通过产品或服务所提供价值带给消费者的认知,最好能用一句话表述,符合消费者的标签思维	企业同消费者群体之间所建立的关系,如 B2C:产品、时尚、品牌和粉丝;B2B:买卖、朋友、联盟、共生,最好量化分析到各种关系的比例	企业所瞄准的消费者群体:年龄、地域、消费水平……
关键资源: 我拥有什么				客户渠道: 怎样宣传自己和交付服务
企业执行其商业模式所需要的关键资源(可购买为己所有,包括人财物,有形无形资产)				企业用来接触消费者的各种途径,包括实体、网络、媒介、市场推广活动
成本结构:我要付出什么			收入结构:我能得到什么	
各种成本的结构化描述			各种收入流的结构化描述	

注:在商业画布模式的 9 个要素中,收益来源是创业者考虑的最后的一个要素,它往往是水到渠成的结果,而不是驱动创业的原因,这也从某种程度上说明了,创业项目的成功得益于为顾客创造的超额价值,或者更准确地说只有产品或服务的价值超过顾客购买所支付的价格即代价,顾客才能进行持续的购买与消费,不断提高产品(品牌)的忠诚度,所以,一味以利润为终极追求目标的创业项目往往归于失败的真正原因。

3.5.3.2 工具准备

每个小组准备商业模式画布、白板、计算机、手机、白纸、便利贴和笔等。打印好的 A4 纸大小商业模式画布（见表 3-13 所列，便于画布 9 个模块的排序），白板 1 块或计算机（白板用于张贴绘制好的商业模式画布纸张，计算机主要用于编辑电子版的商业画布，以便于幻灯片的汇报），纸（纸张大小为 4 个 A4 纸大小，用于手工绘制商业模式画布）、便利贴（采用头脑风暴法围绕画布的 9 个模块进行关键词书写）和笔（主要用于绘制画布和便利贴上关键词的书写）。

3.5.3.3 资料准备

相关资料收集与阅读。主要依托消费合作社的公众号，通过帮帮生活、微店和 PGS 等平台，了解润土帮帮城乡互助消费合作社的起源，开展的乡村体验和生活分享等增值服务，微店中的店铺设计、产品分类、图片展示、价格及促销方式等相关内容，PGS 中的产品品控标准（包括 PGS、考察活动、产品溯源和检验报告）、产品供应方的农友档案和农事记录（包括进光农园、熊猫农园、杰寿农园、小芳农园和李宁农园）等相关内容。

3.5.4 实验要求和过程

由于每一位成员知识、经验的不同，其对商业模式画布每一构造块的内容必然有各自的想法与见解，若直接展开讨论，则成员某些想法在开始时有可能被否定或者遗漏。所以，首先应进行想法的发散；再进行想法汇聚讨论，以保证各组成员想法收集的完整性和全面性。为了保持讨论高效有序的进行，为每组分配 1 名主持人或组长，负责维持讨论的有序进行并进行适当的引导。通过有限的时间，促使小组成员快速思考，将各自的想法快速记录并将便利贴贴于白板上对应的商业模式画布构造块中。

3.5.4.1 商业模式画布与案例说明（45 分钟）

首先，明确使用商业模式画布解析既有案例商业模式的创新和应用画布进行商业模式创新的目的；其次，主要围绕商业模式、商业模式画布含义、要素内容和要素之间关系展开商业模式画布基础知识的讲解；最后，结合小米、德粮昌、廉价航空商业模式画布案例，阐述商业模式画布的绘制过程。德粮昌商业模式画布见表 3-14 所列。

3.5.4.2 小组学习与商业模式画布绘制（45 分钟）

聚焦某一产品或服务（CSA）的痛点或优点，即独特之处，进行商业模式画布的绘制。①小组成员自己学习，针对老师提供或自己查阅的关于商业模式画布的相关知识进行阅读和学习，小组成员进行各自想法发散后，得到了各自的商业模式画布雏形。②小组汇聚互动学习研讨，每个小组成员说出自己对某产品或服务商业模式画布各构造块的看法和建议，成员可以对商业模式画布的九个构造块内的标签条内容依次轮流讲解。③组长引导大家对各模块的内容进行概括并达成统一的意见，小组讨论达成针对画布 9 要素认知及排序的一致意见，并记录下 CSA 画布 9 个要素的内容和排序。④小组成员分工协作，聚焦于某产

表 3-14 德粮昌商业模式画布

关键伙伴： 谁可以帮我	关键活动： 我要做什么	价值主张： 怎样帮助他人	客户关系： 怎样和对方打交道	客户细分： 能帮助谁
农产品供应商 进驻商家 加盟经销商 旅行社等	农产品贸易 品质管控 文化体验 文化展示等	农产品选购多快好省 把天然农场带回家等	一站式农贸超市 农业文明博物馆 跨界农业体验中心等	零售顾客 批发顾客 旅客等
关键资源： **我拥有什么**				**客户渠道：** **宣传自己**
大量供应商 高端形象 完整的销售网络 新奇特的体验等				品牌官网 互联网商城 手机商城 实体店 方舟营养顾问等
成本结构：我要付出什么			**收入结构：我能得到什么**	
生产成本、人力成本、营运成本、物流成本、技术开发成本、推广成本等			门票、会员预存款、农产品销售（商城与门店）、活动赞助等	

品或服务，各自撰写商业模式画布每一构造块内容。⑤各组组员再对各自的商业模式画布的优势与劣势进行思考与讨论。

3.5.4.3 商业模式画布总结与汇报分享（10分钟）

每组对商业模式画布进行概括与总结。每一小组根据已绘制好的商业模式画布，各派出一名代表讲述本组的画布内容，其中包括构造块中填写对应内容的原因以及该商业模式画布的优势，将组内的思考展示给其他成员。同时，每组的主持人采取拍照、录音的方式进行及时的内容记录，通过当前阶段的资料整理分析，以便在后期整合得到我们最终的商业模式画布。

3.5.4.4 商业模式画布总结、后续设计与展望（10分钟）

因时间和篇幅有限，各组对于商业模式画布的介绍和应用先告一段落。通过产品商业模式画布的产出，学生对于产品在特定阶段的商业要素更加聚焦，同时也对产品中长期规划有了更准确的认识。另外需要注意的是，在产品成长的过程中对于商业模式的探索应该是持续的，并可通过其他辅助工具（如商业模式评估表等）进行有效的迭代升级，在这个过程需要不同角色的项目成员参与。

3.5.4.5 润土帮帮商业模式画布绘制

基于润土帮帮视频的观看、帮帮管理人员的宣讲及互动与交流、润土帮帮订阅号内容的阅读，了解和掌握润土帮帮基本的商业运作模式，在调研之前明确针对画布关注的焦点，通过对润土帮帮不同利益相关者的调查与分析，明确润土帮帮在画布所包含的9个要素方面的优势与劣势，据此修正和提升润土帮帮商业模式画布见表3-15所列。

表 3-15　润土帮帮商业模式画布

关键伙伴： 谁可以帮我	关键活动： 我要做什么	价值主张： 怎样帮助他人	客户关系： 怎样和对方打交道	客户细分： 能帮助谁
关键资源： 我拥有什么				客户渠道： 宣传自己
成本结构：我要付出什么			收入结构：我能得到什么	

3.6　高质量推文制作与推送

3.6.1　实验目的

高质量推文特征画像。基于"互联网+"的需要，在微信公众号、融媒体和自媒体情境下，揭示点击率高、阅读量高、互动率高的推文特征，以期指导高质量帖子和推文制作。新型职业农民是发展现代农业、建设新农村、实施乡村振兴战略坚实的人力基础和支撑保障。新农人是新型职业农民群体的重要组成部分，是新形势下发展现代农业新业态、新模式的先行者和探路人。新农人要充分发挥群体结构新、理念思维新、知识手段新、组织模式新的特点，为传统农业向现代农业转型升级注入鲜活力量。而新农人善于知道和利用互联网知识，拉近与消费者的距离，并基于消费者产品和服务的消费体验和反馈，不断修正和完善产品和服务，进而形成快速、敏捷和准确顾客响应，进而完成产品及服务创新的快速迭代，成为新农人动态核心竞争力的关键一招。本实验将依托新农人的翘楚绿手指、四季分享和分享收购等微信公众号为案例分析对象，从帖子标题外层特征、内容特征和标题、内容长度等内在特征属性方面分析高阅读量、高点赞量和高转发量帖子的上述特征，进而学习、熟悉和掌握微信公众号帖子的编辑技能，据此，围绕实习宣传推广或润土帮帮基地体验等主题完成符合微信公众号帖子的制作和推送。

3.6.2　实验安排

3.6.2.1　实验时间

农村区域发展专业或农林经济管理专业模块实习或综合实习，根据各专业实习模块实习的安排，商业模式画布安排在第10学期，一般为学期的第17~20周，建议在润土帮帮人员宣讲与学生互动交流后，在正式调研之前展开，便于学生对润土帮帮的商业模式有更深了解和掌握。

3.6.2.2 实验地点

经济管理学院项目管理与沙盘模拟实验实训室,或者实习老师借阅的相关多媒体教室。可以根据授课班机实际人数情况选择大小合适的教室,由于商业模式画布是以小组方式完成润土帮帮商业模式的解析,教室的桌椅最好可以移动,便于组成中间是桌子四周为椅子的排列方式,以利于小组进行讨论。

3.6.2.3 实验组织

学生 4~6 人一组,以小组团队完成,组长 1 名,按照组长负责组员、班长负责组长的方式层层落实管理责任和任务分解。分组既是作为开展实习的组织协调方式,也是作为实习不同模块的组织载体和协调方式。各组在进行商业模式画布实验过程中,可以根据画布要素的功能任命不同的负责人,如匹配客户关系、客户细分和客户渠道的客户经理和市场营销经理,匹配成本结构与收入结构的财务经理等,匹配关键活动的项目经理等。

3.6.3 实验准备

3.6.3.1 知识准备

(1)新农人。新农人是指具有科学文化素质、掌握现代农业生产技能、具备一定经营管理能力,以农业生产、经营或服务作为主要职业,以农业收入作为主要生活来源,居住在农村或城市的农业从业人员。

(2)新农人的特征。新农人是相对于农人而言的。传统意义的农人,是指以种植农业为生的人。新农人概念意思是指那些为了创业理想而投身到农业行业之中的创业者们,他们通过承包或者其他方式,获得拥有使用权的土地,然后在此基础上进行养殖、种植的创业,并通过团队的智慧进行管理,进行科学化、系统化的生产创业活动。他们植根于农村,创业于农业,成功于农业。新农人,是一批人,是具有知识、眼光、技能、追求的一群人。包括海归回国、城市青年下乡或乡村进城求学然后再回乡的高学历人士、有经营工商业的成功者,也有进城务工、在外参军转业回乡的草根青年农民。这群人从个体来看,无论出身、能力、阅历、经历、理念、追求都具有较大的差异,但是对农业这一古老产业的探索和突破,对传统个体农业经营方式的组织和融合,对传统乡村生活的认可是共同的。

(3)新农人的意义。传统的产业需要不断探索和创新才能重新唤起生气,传统的农业经营组织需要注入新的现代要素才能焕发出新的力量,乡村需要加入新的生力军才能再度呈现生机。新农人对农业、农村的正能量是巨大的。新农人的出现在传统农业中导入一系列包括生产种植技术、品牌塑造和产品推广等方面的新知识,使传统农业又焕发出了勃勃生机。因此,催生出农业新产业新形态。本实习模块将新农人打造的微信订阅号平台上发布的帖子为案例分析对象,分析新农人微信公众号帖子信息特征对在线参与度的影响。

3.6.3.2 工具准备

小组准备好必要的笔记本、笔和手机,围绕推文主题,做好访谈调研的记录、录音和录像工作。同时，自学微信公众号推文编辑器的使用，并依据收集的资料和确定推文的主题，撰写、编辑和发布推文（表 3-16）。

表 3-16 微信公众号推文编辑器的比较

类型	特色	总结
小蚂蚁编辑器	1. 素材样式覆盖了各行各业，所有用户都能在其中找到合适的素材，素材每日更新，节日热点等素材一般都会提前更新； 2. 编辑器界面更加简单直观，编辑菜单功能丰富实用，总体来说，操作上相比较其他编辑器更加简单易用，还有秒刷、传递、智能排版、快捷键操作等辅助功能，帮用户有效节省编辑时间，提高工作效率； 3. 可以在一个编辑区域内同时进行多篇微信图文的排版，能帮助用户更加高效地排版，目前来说，是全网独一份的功能； 4. 提供全方位新媒体助手工具和超实用新媒体人必备的工具宝箱，音视频、背景图、封面图、文章配图提取、短网址、超链接、临时转永久等工具，还有标题可用字符、标题可用精选字符等，可以免费使用； 5. 内嵌无版权图库，配图安心又方便，还有正版可商用表情也可以免费使用。编辑器中还内置了图片处理工具：圆角、阴影、边框、异形、拼图等操作一站完成	素材丰富，功能全面，工具多，比较能满足新媒体人的全方位需求
135 编辑器	1. 模板、素材总数较多，不过很多素材是仅限白银会员甚至是黄金会员才能使用； 2. 图片美化功能强大，有在线图库，但是在线图库没有标注图片版权，商用的话可能会有侵权风险； 3. 支持一键排版，可以更快地使用心仪的全文模板，但是有时候会容易错版，还需要一点点再调整； 4. 有外网复制、办公文档导入等功能，但是注册普通会员能使用的功能相对较少，如多公众号运营、定时群发、恢复历史版本和云端草稿等功能需要购买付费账户才能使用	素材和功能都还算全面，但是多数素材、功能仅会员可用，而且最近大部分精力都放在了课程分销上，对编辑器的专注度有所欠缺
秀米编辑器	1. 主打原创模板素材，风格排版，素材整体风格比较统一。但是素材的数量和种类总体来说比较少，风格排版大多数是付费可用，对于素材需求量较大的用户来说，可能会显得捉襟见肘； 2. 秀米是结构化、板块化的编辑方式，拥有更多的排版可能性；但是编辑功能没有那么齐全、完善，官方也没有给出足够的教程，对于新手来说，操作不是那么容易，也没有那么方便，比较难上手	主打风格排版，素材风格清新统一，但是编辑器操作难度较大，也缺乏完整的教程，对新手不太友好
i 排版	1. 主打互动样式、黑科技排版。但是，基础素材的数量和种类相对较少，而且付费样式的比较多； 2. 编辑界面简洁，而且官方教程很全面，很详细，对新手比较友好； 3. 有短链接、生成长图等一些基础功能，但是其他运营相关的功能涉猎较少，对于新媒体小编来说，可能会略显不够全面	在黑科技排版上颇有建树，但是在功能开发上不够重视

注：来源 https://www.jianshu.com/p/34ccb5ef0767。

3.6.3.3 资料准备

基于 3.1 节至 3.5 节的实训实习内容，从小组的兴趣爱好和实习实训的价值出发，确定推文的目的、对象和目的，在确定推文主题时，可以通过不同的视角和层次展开，诸如可以从 CSA 产生的背景、CSA 基本知识的科普、消费合作社推动型 CSA 的运营模式、

CSA 不同利益相关者的困局及其破解等方面，在确定推文主题的前提下，做好照片、录音和视频，以及文字资料的收集与整理工作，作为推文制作的基本资料和素材。

3.6.4 实验要求和过程

3.6.4.1 新农人微信公众号帖子信息特征对在线参与度的影响（45分钟）

考虑聘请具有微信帖子制作经验的经济管理学院、农人茶坊和润土帮帮订阅号的维护与管理人员，以响应平台帖子为案例分析对象。在此，以新农人绿手指、四季分享和分享收购为案例分析对象。

（1）假说模型。帖子外层特征。标题语言：包括语义生动性、语言形式生动性；推送次序：第一位、第二位、第三位、第四位等；固定性栏目：属于固定性栏目，不属于固定性栏目；内容特征。内容类型：销售类帖子：主要是农场农产品介绍，包括品类、价格与品质等，也包括农场服务相关信息，如会员招募、会员续费、配送时间、配送地点等；非销售类帖子：农场活动类、农事记录类、农场发展类、理念教育类和情感互动类；其他控制变量。标题长度、内容长度、是否工作日、当时送达人数和统计时间间隔。假说模型：微信订阅号帖子阅读量、点赞量与转发量的影响因素。

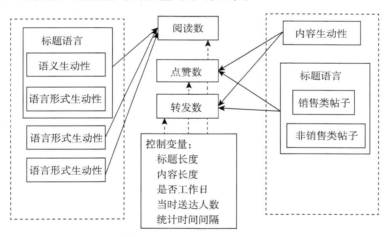

图 3-1　信息特征对用户在线参与度影响的假说模型

（2）变量定义。变量定义见表 3-17 所列。

表 3-17　自变量的操作化定义

变量	操作化定义	微信帖子实例
标题语义生动性	有故事情节或悬念 =1 无故事情节或悬念 =0	绿手指农场：《你猜》 绿手指农场：《绿手指本地黄牛肉开放订购》
标题语言形式生动性	由人称代词、程度副词或语气词 =1 无人称代词、程度副词或语气词 =0	绿手指农场：《我有故事也有酒，你要温一杯吗？》 绿手指农场：《大家看这货做年货可否》

（续）

变量	操作化定义	微信帖子实例
推送次序	第一位 =1 第二位 =2 第三位 =3 第四位及以后 =4	— — — —
固定性栏目	属于固定栏目 属于非固定栏目	
内容生动性	图片、视频和音频总数量	—
内容类型测量方式一	销售类帖子 =1 非销售类帖子 =0	四季分享农场：《[新品推荐]醇香豆浆——纯手工制作》 四季分享农场：《到农场能有啥玩的呢？》
内容类型	销售类帖子 =0 农场活动类帖子 =1 农事记录类帖子 =2 农场发展类帖子 =3 理念教育类帖子 =4 情感互动类帖子 =5	四季分享农场：《[新品推荐]醇香豆浆——纯手工制作》 四季分享农场：《周末活动剪辑》 四季分享农场：《[四季分享]生产现场20160724》 分享收获农场：《分享收获核心小组成立会议及章程》 分享收获农场：《食物的健康与人类的健康》 分享收获农场：《农夫与诗歌第五十七期》

（3）描述性统计分析结果。表3-18列出了3个因变量的平均值和标准差。总体上看，新农人微信公众号用户活跃度不高。3个农场每条帖子的阅读数、点赞数和转发数分别为497.82次、8.17次和21.58次，仅占当时送达人数的6.82%、0.11%和0.30%。就单个农场来看，分享收获农场虽然一年中发帖量最少（仅为138条），但其阅读数、点赞数和转发数占当时送达人数的比例在3个农场中最高，分别为9.05%、0.18%和0.39%。绿手指农场（一年发帖195条）和四季分享农场（一年发帖376条）这3个值分别是7.76%、0.10%、0.22%和5.37%、0.09%、0.29%。可以看出，微信发帖的数量对用户在线参与度并无决定性关系，而帖子的其他特征则可能是影响用户在线参与度的决定性因素。

表3-18 因变量的描述性统计　　　　　　　　　次（人）/条帖子

农场	阅读量		点赞数		转发数		当时送达人数	
	均值	标准差	均值	标准差	均值	标准差	均值	标准差
绿手指	552.49	519.43	6.95	8.05	15.62	29.12	7120.30	953.43
四季分享	379.86	264.21	6.36	6.05	20.63	22.05	7068.39	1506.87
分享收获	741.93	920.87	14.85	17.34	32.60	54.13	8190.66	345.98
总体	497.82	542.98	8.17	10.30	21.58	33.03	730.11	1291.1

表3-19显示了各农场不同信息特征的帖子数占发帖总数的比例。总体来看，标题具有生动性的帖子较少，其中，标题有故事情节或留有悬念的帖子仅占总数的19%，标题出现人称代词、程度副词或语气词的帖子仅占总数的16%。在推送次序方面，有超过半数的帖子处于第一位，总体上仅有9%的帖子处于第四位及以后，其中，分享收获农场有29%

的帖子处于第四位及以后。此外，三个农场所发微信帖子中，有22%的帖子属于固定栏目，其中，绿手指农场和分享收获农场发布了较多的属于固定栏目的帖子，分别占其发帖数的45%和30%。就整体内容类型而言，销售类帖子占比41%，非销售类帖子占比为59%。在非销售类帖子中，农场活动类帖子、农事记录类帖子和理念教育类帖子占比均超过14%，情感互动类帖子和农场发展类帖子则相对较少，占比分别仅为7%和5%。

表3-19　农场不同信息特征的帖子数占发帖总数的比例　　　　　　　　　　%

变量	操作化定义	总体	绿手指	四季分享	分享收获
标题语义生动性	有故事情节或悬念	19	27	19	9
	无故事情节或悬念	81	73	81	91
标题语言形式生动性	由人称代词、程度副词或语气词	16	9	22	10
	无人称代词、程度副词或语气词	84	91	78	90
推送次序	第一位	51	73	50	25
	第二位	28	24	32	24
	第三位	12	2	12	22
	第四位及以后	9	1	6	29
固定性栏目	属于固定栏目	22	45	7	30
	属于非固定栏目	78	55	93	70
内容类型	销售类帖子	41	64	36	23
	非销售类帖子	59	36	64	77
	农场活动类帖子	14	12	18	6
	农事记录类帖子	19	16	17	26
	农场发展类帖子	5	2	2	16
	理念教育类帖子	14	5	22	4
	情感互动类帖子	7	2	4	25

（4）回归结果（表3-20、表3-21）。

表3-20　帖子信息特征对用户在线参与度的影响：2种内容类型

	阅读数			点赞数			转发数		
	系数	发生率比率IRR	稳健标准误	系数	发生率比率IRR	稳健标准误	系数	发生率比率IRR	稳健标准误
标题语义生动性	0.14***	1.15	0.06	0.16***	1.17	0.09	0.07***	1.07	0.04
标题语言形式生动	0.04***	1.05	0.02	−0.05	0.95	0.07	0.02	1.02	0.07
推送次序（以"第一位"为参照组）									
第二位	−0.67***	0.51	0.03	−0.32***	0.72	0.08	−0.56***	0.57	0.08
第三位	−0.86***	0.42	0.06	−0.52***	0.59	0.22	−0.96***	0.38	0.16
第四位及以后	−0.91***	0.40	0.12	−0.43***	0.65	0.20	−0.92***	0.40	0.28

（续）

	阅读数			点赞数			转发数		
	系数	发生率比率 IRR	稳健标准误	系数	发生率比率 IRR	稳健标准误	系数	发生率比率 IRR	稳健标准误
属于固定栏目	−0.47***	0.63	0.13	−0.62***	0.54	0.18	−0.97***	0.38	0.18
内容生动性	0.01	1.00	0.00	0.01***	1.00	0.00	0.01	1.00	0.00
内容类型（以"销售类帖子"为参照组）									
非销售类帖子	−0.01***	0.99	0.00	−0.02***	0.98	0.01	0.02***	1.02	0.01
标题长度	−0.01***	0.99	0.00	−0.02***	0.98	0.01	−0.02***	1.02	0.01
内容长度	0.00***	1.00	0.00	0.00***	1.00	0.00	0.00***	1.00	0.00
推送时间是工作日	−0.03	0.97	0.05	−0.06	0.95	0.05	−0.12	0.89	0.10
当时送达人数	0.00*	1.00	0.00	0.00*	1.00	0.00	0.00	1.00	0.00
统计时间间隔	0.00	1.00	0.00	0.00	1.00	0.00	0.00	1.00	0.00
截距项	4.5***	96.50	0.95	−0.40	0.67	1.31	1.83**	6.21	0.88
伪 R^2	0.05			0.06			0.08		
Log Likelihood	−4819.70			−2100.42			−2676.06		
样本数	709			709			709		

注：负二项回归的最大似然估计中没有传统的 R^2，故此处报告伪 R^2（pseudo R^2）；***、**、* 分别表示估计结果在 1%、5%、10% 的统计水平上显著。

表 3-21 帖子信息特征对用户点赞数和转发数的影响：6 种内容类型

	点赞数			转发数		
	系数	发生率比率	稳健标准误	系数	发生率比率	稳健标准误
内容生动性	0.01***	1.01	0.00	0.01	1.01	0.01
内容类型（以"销售类帖子"为参照组）						
农场活动类帖子	0.29***	1.33	0.12	0.40***	1.48	0.19
农事记录类帖子	0.53***	1.70	0.13	0.17***	1.19	0.10
农场发展类帖子	0.55***	1.73	0.15	0.39***	1.48	0.12
理念教育类帖子	0.140	1.15	0.19	0.30***	1.36	0.07
情感互动类帖子	0.40***	1.50	0.11	−0.02	0.98	0.11

（续）

	点赞数			转发数		
	系数	发生率比率	稳健标准误	系数	发生率比率	稳健标准误
标题语义生动性	0.17**	1.19	0.07	0.09***	1.09	0.04
标题语言形式生动性	−0.04	0.96	0.07	0.03	1.03	0.06
推送次序（以"第一位"为参照组）						
第二位	−0.34***	0.71	0.11	−0.55***	0.58	0.09
第三位	−0.52**	0.60	0.26	−0.92**	0.40	0.11
第四位及以后	−0.41**	0.66	0.20	−0.86***	0.43	0.20
属于固定栏目	−0.68***	0.51	0.14	−0.90***	0.40	0.18
标题长度	−0.02**	0.98	0.01	0.01**	1.01	0.01
内容长度	0.00***	1.00	0.00	0.00***	1.00	0.00
推送时间是工作日	−0.05	0.95	0.03	−0.12	0.89	0.12
当时送达人数	0.00	1.00	0.00	0.00	1.00	0.00
统计时间间隔	0.00	1.00	0.00	0.00	1.00	0.00
截距项	−0.04	0.96	1.39	1.64*	5.15	0.88
伪 R^2	0.06			0.08		
Log Likelihood	−2093.80			−2671.71		
样本数	709			709		

注：负二项回归的最大似然估计中没有传统的 R^2，故此处报告伪 R^2（pseudo R^2）；***、**、* 分别表示估计结果在1%、5%、10% 的统计水平上显著。

（5）研究结论。帖子标题语义生动性、帖子标题语言形式生动性、帖子推送次序靠前、帖子属于非固定栏目都对用户阅读数有显著的正向影响。

帖子内容生动性对用户点赞数有显著的正向影响，但对用户转发数的影响不显著。相对于销售类帖子，非销售类帖子对用户点赞数和转发数均有显著的正向影响。

相对于销售类帖子，农场活动类、农事记录类、农场发展类、情感互动类这4类帖子对用户点赞数均有显著的正向影响，而农场活动类、农事记录类、农场发展类、理念教育类这四类帖子则都对用户转发数有显著的正向影响。

3.6.4.2 CSA 推文帖子绘制（45 分钟）

主要围绕专业模块实习和综合实习的食品安全、农业生态化转型和社区支持农业（CSA）、润土帮帮精益创业的商业模式及价值提升、消费合作社店铺体验与调查、润土帮帮生产者基地体验与调查、润土帮帮消费者调查等实习内容，或聚焦润土帮帮商业模式或聚焦于实习宣传与推广，或者相关的主题，制作微信订阅号帖子。依据 CSA 实习帖子制作与说明的要求，从帖子外层特征、内容特征和其他控制变量的角度制作阅读量大、点赞数多、互动交流多和转发量大的"金牌、银牌和铜牌帖子"。

3.6.4.3 CSA 实习帖子汇报分享与完善建议（10 分钟）

制作标题语言语义和语言形式生动，内容生动和具有显著类型特征的帖子，并制作成幻灯片的形式进行汇报讲解，汇报完毕后，其他组提出修改和完善意见，本组非汇报成员采取拍照、录音和笔记方式进行记录，根据意见和记录继续完善 CSA 实习帖子。

3.6.4.4 CSA 实习帖子平台推送与效果检验（5 天）

选择制作优秀的 CSA 实习帖子，依托经济管理学院和润土帮帮城乡互动消费合作社微信订阅号进行推送，然后以帖子的阅读量、点赞量、转发量和反馈留言（5 天内）作为 CSA 实习帖子优、良、合格和不合格的重要参考依据，同时以反馈留言为依据，对专业模块实习和综合实习目的、内容和过程进行不断修正和完善。

附录1 实习报告模板

经济管理学院

专业实习模块实习报告

题　　目：_____
专　　业：_____
学　　号：_____
姓　　名：_____
指导教师：_____

年　　月

题 目

摘　　要：

关 键 词：

实习目的：

实习方法：

实习时间：

实习内容：

一、×××提出问题

二、×××发展现状

三、×××统计分析

四、×××存在问题

五、×××对策建议

六、实习心得

参考文献

附录2　CSA利益相关者之生产者（农户）调查问卷

问卷编号：□□

_____县_____乡/镇_____村_____组

CSA利益相关者之农户调查问卷

感谢您在百忙之中抽出宝贵时间来填写这份问卷，我们正在做关于社区支持农业CSA利益相关者中关于农户生产方面的调查，您的帮助将为我们的调查提供有力的支持，调查所获信息我们将替您保密，请您放心填写，感谢您的配合。

户主姓名_____
联系电话_____
调查员姓名_____
调查日期____年____月____日

项目组
年　月

一、农户家庭基本情况

1. 林农基本情况

您家有__口人,其中,女性__人,男性__人,老人__人,未成年(未满18周岁)__人。

序号	性别	年龄	民族	文化程度 (受教育年)	工作性质 (务农、兼业、非农)	是否担任过 村干部(是/否)	是否外出 打过工(是/否)
1 户主							
2							
3							
4							

注:文化程度分为文盲、小学、初中、高中或职业高中、大专、本科及以上。

2. 农户资源条件调查

(1)你家耕地____块,总面积____亩①(其中租入____亩,租出____亩)。

(2)你家林地____块,总面积____亩(其中租入____亩,租出____亩)。

(3)你家房屋是____结构,建筑面积是____平方米。

(4)你家农业机械是____台。

(5)你家距离帮帮店铺的距离是____公里。

二、农户CSA认知情况调查

1. 你知道社区支持农业(CSA)么?

  A. 知道   B. 一般   C. 不知道

2. 你认为不使用化肥、农药的农业生产方式是进步了还是倒退了?

  A. 进步了   B. 倒退了   C. 不知道

3. 您对社区支持农业(CSA)发展前景的看法如何?

  A. 看好,很有前途 B. 不看好,没有前途   C. 不清楚

4. 你对当前蔬菜、水果、肉类等食品市场的评价是?

  A. 放心   B. 一般   C. 不放心   D. 不知道

5. 您对无公害食品、绿色食品和有机食品的概念是否清楚?

  A. 清楚   B. 一般   C. 不清楚

6. 你认为加入CSA给你及家庭带来的最大的好处是什么?(可以多选)

  A. 解决了农产品销售难的问题

  B. 提高了种植规模,提高了务农的家庭经营收入

---

① 1 亩 ≈ 0.0667 hm^2。

附录2　CSA 利益相关者之生产者（农户）调查问卷

问卷编号：☐☐

_____县_____乡/镇_____村_____组

CSA 利益相关者之农户调查问卷

　　感谢您在百忙之中抽出宝贵时间来填写这份问卷，我们正在做关于社区支持农业 CSA 利益相关者中关于农户生产方面的调查，您的帮助将为我们的调查提供有力的支持，调查所获信息我们将替您保密，请您放心填写，感谢您的配合。

户主姓名_____
联系电话_____
调查员姓名_____
调查日期_____年____月____日

项目组
年　月

一、农户家庭基本情况

1. 林农基本情况

您家有__口人,其中,女性__人,男性__人,老人__人,未成年(未满18周岁)__人。

序号	性别	年龄	民族	文化程度 (受教育年)	工作性质 (务农、兼业、非农)	是否担任过 村干部(是/否)	是否外出 打过工(是/否)
1 户主							
2							
3							
4							

注:文化程度分为文盲、小学、初中、高中或职业高中、大专、本科及以上。

2. 农户资源条件调查

(1)你家耕地____块,总面积____亩①(其中租入____亩,租出____亩)。

(2)你家林地____块,总面积____亩(其中租入____亩,租出____亩)。

(3)你家房屋是____结构,建筑面积是____平方米。

(4)你家农业机械是____台。

(5)你家距离帮帮店铺的距离是____公里。

二、农户CSA认知情况调查

1. 你知道社区支持农业(CSA)么?
   A. 知道　　　　　B. 一般　　　　　C. 不知道

2. 你认为不使用化肥、农药的农业生产方式是进步了还是倒退了?
   A. 进步了　　　　B. 倒退了　　　　C. 不知道

3. 您对社区支持农业(CSA)发展前景的看法如何?
   A. 看好,很有前途　　B. 不看好,没有前途　　　　C. 不清楚

4. 你对当前蔬菜、水果、肉类等食品市场的评价是?
   A. 放心　　　　B. 一般　　　　C. 不放心　　　　D. 不知道

5. 您对无公害食品、绿色食品和有机食品的概念是否清楚?
   A. 清楚　　　　B. 一般　　　　C. 不清楚

6. 你认为加入CSA给你及家庭带来的最大的好处是什么?(可以多选)
   A. 解决了农产品销售难的问题
   B. 提高了种植规模,提高了务农的家庭经营收入

---

① 1 亩 ≈ 0.0667hm²。

C. 对于自销和卖给中间商贩，农产品销售价格较高

D. 可以在家陪同自己的家人，避免在外务工奔波的辛苦

E. 其他＿＿＿＿＿＿＿＿＿＿＿＿（请注明）

7. 你认为加入 CSA 给社区带来的最大的好处是什么？（可以多选）

A. 减少和免除了农药和化肥的使用量，避免了土地的污染

B. 减少和免除了农药和化肥的使用量，改善了农村的生态环境

C. 使农户可以安心专心务农，提高了社区的就业水平

D. 其他＿＿＿＿＿＿＿＿＿＿＿＿（请注明）

三、CSA 农户生产经营行为调查

1. 你向帮帮提供的主要农产品包括？

A. 蔬菜：具体是＿＿＿＿＿＿＿＿＿　　B. 禽肉类：具体是＿＿＿＿＿＿＿＿＿

C. 日用品：具体是＿＿＿＿＿＿＿＿＿　　D. 其他类：具体是＿＿＿＿＿＿＿（请注明）

2. 农产品生产经营情况

名称	种植面积（亩）养殖头/只数	产量（kg）	销售量（kg、m³）	销售次数（次/年）
蔬菜				
肉禽类				
其他				

3. 加入 CSA 前后耕地投入与收入情况

年份	作物	面积（亩）	投工量	种苗	化肥			农药	薄膜	农家肥	产量	价格
					碳氨	尿素	磷肥					
加入 CSA 之前												
加入 CSA 之后												

4. 农户收入情况调查

您加入 CSA 的时间是＿＿＿＿＿年。

项目	加入前（元/年）	加入后（元/年）
种植业（农）		
林业		
养殖业（牧）		
务工收入		
其他（餐饮旅游等）		

5. 现在你在还采购哪些农用物资？＿＿＿＿＿＿＿采购中主要的问题是什么？

  A. 采购价格偏高 B. 购买不够方面 C. 缺乏资金缺乏

  D. 其他_____（请注明）

6. 在蔬菜种植过程中主要的问题是什么？

  A. 病虫害较多 B. 灌溉设施缺乏，干旱问题突出

  C. 投入劳动强度太高 D. 种植的规模偏小，难以满足需求

  E. 其他_____（请注明）

7. 在蔬菜运输过程中的主要问题是什么？

  A. 运输路途比较远，运费和成本较高 B. 蔬菜运输的损失率较高

  C. 其他_____（请注明）

8. 在猪和鸡养殖过程中的主要问题是什么？

  A. 养殖的畜禽防疫问题突出 B. 养殖成本较高

  C. 养殖的规模偏小，难以满足需求 D. 其他_____（请注明）

四、CSA 农户与帮帮合作情况调查

1. 你加入帮帮的时间是？_____年。

2. 你是通过什么渠道加入 CSA 的？

  A. 已加入农户的介绍 B. 通过帮帮宣传

  C. 其他_____（请注明）

3. 你与帮帮的利益联结机制是通过什么方式？

  A. 签订供货合同 B. 口头、协商与信任

  C. 其他_____（请注明）

4. 帮帮给你提供的服务包括哪些？

  A. 农产品销售 B. 生产种植、养殖技术指导

  C. 农产品其他_____（请注明）

5. 你认为帮帮合作中在采购、生产和销售等环节，哪些方面有待进一步的改善和提升？

_____

_____

附录3 CSA 利益相关者之消费者调查问卷

问卷编号：□□

_____区_____街道_____小区

CSA 消费者购买行为影响因素调查问卷

您好！我是西南林业大学一名在校研究生，非常感谢您在百忙之中接受我的问卷调查。此问卷是为了了解当前 CSA 消费模式下消费者购买行为的影响因素。您的答案对我来说非常重要，希望得到您的帮助，并对占用您的宝贵时间来填写我的问卷说声抱歉，本次调查结果仅做科研之用，并对调查结果进行保密，请您放心。再次感谢您的支持！

户主姓名_____
联系电话_____
访谈员姓名_____
访谈日期_____年___月___日

项目组
年　月

一、消费者基本情况

1. 您的年龄_____岁，性别_____。
   A. 男　　　　　　　B. 女
2. 您的文化程度？
   A. 博士　　　　B. 硕士　　　　C. 本科或大专　　　　D. 高中及以下
3. 家庭人口：共_____人，学龄前儿童有_____人，老人（60岁以上）_____人。
   A. 0人　　　　B. 1人　　　　C. 2人　　　　D. 3人及以上
4. 您家是否有孕妇？
   A. 有　　　　　　　B. 没有
5. 您的职业是_____。
   A. 教师　　　　B. 医务人员　　　　C. 政府机关人员　　　　D. 家庭主妇
   E. 个体　　　　F. 厨师　　　　　　G. 学生　　　　　　　　H. 其他
6. 您的家庭月收入水平大概？_____元/月。
   A. 4000元以下　　　　B. 4000~8000元　　　　C. 8000~12 000元
   D. 12 000~16 000元　　E. 16 000~20 000元　　F. 20 000元以上

二、消费者购买行为调查

1. 【多选】你家通常选择在什么地方购买食品？
   A. 普通菜市场　　　　B. 超市　　　　　　　　C. 电商网站
   D. 流动摊贩　　　　　E. 直接向农民购买　　　F. 其他
2. 您是润土帮帮城乡互助消费合作社核心社员吗？
   A. 是（请从第6题开始作答）　　　B. 不是（请从第3题开始作答）
3. 您听说过润土帮帮城乡互助消费合作社吗？
   A. 听说过，且了解过　　　　　　　B. 没有听过
4. 您是否了解润土帮帮城乡互助消费合作社的入社福利？
   A. 了解　　　　　　　B. 不了解
5. 如有可能，您是否愿意成为润土帮帮城乡互助消费合作社的一员？
   A. 愿意　　　　　　　B. 不愿意
6. 您是通过什么渠道了解到润土互助体验店（帮帮生活馆）的？
   A. 核心社员推荐　　　B. 新媒体公众号
   C. 店消费时了解　　　D. 其他_____
7. 您购买润土互助体验店（帮帮生活馆）的产品频率是？
   A. 很少　　　　　　　B. 较少　　　　　　　　C. 一般
   D. 较多　　　　　　　E. 很多

8. 您每次购买润土互助体验店（帮帮生活馆）产品的花费是？

　　A. 很少　　　　B. 较少　　　　C. 一般　　　　D. 较多　　　　E. 很多

9. 您的花费主要购买帮帮的什么产品？购买的金额大概是多少？

商品	新鲜蔬菜	杂粮干货	调料果脯	洗护用品	养生滋补
金额（元）					

　　A. 1~50 元　　　　B. 51~150 元　　　　C. 151~300 元

　　D. 301 元以上　　E. 0 元

三、消费者影响因素调查

（一）消费者认知及意愿调查

1. 您听说过 CSA（社区支持农业）吗？

　　A. 听说过，且很了解　　　　　　B. 听说过，但不够了解

　　C. 没听说过，但很感兴趣　　　　D. 没听说过，且不感兴趣

2. 你对当下食品安全问题的态度是？

　　A. 完全不关心　　B. 不关心　　C. 关心　　D. 一般关心

　　E. 非常关心

3. 您是否知道什么是无公害食品？

　　A. 是　　　　B. 否

4. 您是否知道什么是绿色食品？

　　A. 是　　　　B. 否

5. 您是否知道什么是有机食品？

　　A. 是　　　　B. 否

6. 你最关心蔬菜、水果等食品哪些方面问题？[排序题]

　　A. 质量安全性　　B. 新鲜度　　C. 价格　　D. 营养价值

　　E. 味道　　　　　F. 种类　　　G. 口感

第一位	第二位	第三位	第四位	第五位	第六位	第七位

7. 您了解润土互助体验店（帮帮生活馆）的蔬菜等农产品的种植和养殖过程么？

　　A. 完全不了解　　B. 不了解　　C. 一般了解　　D. 了解

　　E. 非常了解

8. 您会有多大程度向身边的朋友、亲属推荐润土互助体验店（帮帮生活馆）？

　　A. 强烈推荐　　B. 推荐　　C. 一般　　D. 不推荐

　　E. 反对

（二）产品及服务访谈

9.润土互助体验店（帮帮生活馆）对客户提供的配送服务，你更青睐哪种配送方式？

  A. 每周固定时间段定量配送

  B. 不固定时间段和数量，按自己的需求配送

  C. 不需要配送，直接到帮帮生活馆自取 D. 其他_____（请填写）

10. 请您对润土互助体验店（帮帮生活馆）所提供的服务进行评价，符合请打"√"。

	非常不满意	不满意	一般	满意	非常满意
总体的服务					
产品种类齐全性					
产品的安全性					
送货的速度					
咨询服务					
售后渠道					

11. 请您对润土互助体验店（帮帮生活馆）所提供的农产品食用口感、新鲜程度及价格进行评价，符合请打"√"。

农产品	维度	非常不满意	不满意	一般	满意	非常满意
蔬菜	食用口感					
	新鲜度					
	价格					
猪肉	使用口感					
	新鲜度					
	价格					
土鸡	食用口感					
	新鲜度					
	价格					
鸡蛋	食用口感					
	新鲜度					
	价格					

12. 您是否参加过帮帮组织的乡村亲子游活动？

  A. 0次/年 B. 1次/年 C. 2次/年 D. 3次及以上/年

13. 您是否参加过润土帮帮城乡互助消费合作社的会议？

  A. 0次/年 B. 1次/年 C. 2次/年 D. 3次及以上/年

14. 您是否参加过帮帮组织的生活分享会？
    A. 0次/年　　　　B. 1次/年　　　　C. 2次/年　　　　D. 3次及以上/年
15. 您是否参加过帮帮组织的社区厨房活动？
    A. 0次/年　　　　B. 1次/年　　　　C. 2次/年　　　　D. 3次及以上/年
16. 您是否在润土互助体验店（帮帮生活馆）曾购买过不新鲜的农产品？
    A. 没有（请直接答第21题）　　　　B. 有，鸡蛋　　　　C. 有，肉类
    D. 有，水果　　　　E. 有，蔬菜
17. 您是否向润土互助体验店（帮帮生活馆）的工作人员反馈这个问题？
    A. 没有　　　　B. 有，到店反馈　　　　C. 有，电话反馈
    D. 有，微信群反馈　　E. 有，微信私聊反馈
18. 润土互助体验店（帮帮生活馆）是否处理了这个问题？
    A. 没有　　　　B. 有，退回钱款　　　　C. 有，重新补货
19. 您对润土互助体验店（帮帮生活馆）处理这个问题的结果是否满意？
    A. 非常不满意　　　B. 不满意　　　C. 一般　　　D. 满意
    E. 非常满意

（三）新媒体参与互动调查

20. 对于润土互助体验店（帮帮生活馆）的新媒体参与模式，您更倾向于哪种方式？
    A. 微信公众号1：润土帮帮城乡互助消费合作社
    B. 微信公众号2：帮帮生活馆
    C. 微信群　　　　D. 微店（网上商城）
21. 请您对润土互助体验店（帮帮生活馆）新媒体的互动情况进行评价。

新媒体	互动情况	是	否
微信群的消息	1. 您常常会浏览吗？		
	2. 您常常会评论或回复吗？		
	3. 您常常会转发在自己的朋友圈吗？		
公众号——润土帮帮城乡互助消费合作社所推送的文章	1. 您常常会浏览吗？		
	2. 您常常会评论或回复吗？		
	3. 您常常会转发在自己的朋友圈吗？		
公众号——帮帮生活馆所推送的文章	1. 您常常会浏览吗？		
	2. 您常常会评论或回复吗？		
	3. 您常常会转发在自己的朋友圈吗？		

22. 您是否在润土体验店的微店（帮帮生活馆的网上商城）上购买过农副产品？
    A. 没有　　　　B. 有，＿＿＿次/周
23. 您每次都能在微店（网上商城）上购买到自己所需的产品吗？
    A. 能　　　　B. 不能

24. 您是否会在润土互助体验店（帮帮生活馆）的微信大群里与其他成员互动吗？
   A. 频繁互动　　　　B. 偶尔互动　　　　C. 不会互动，但会关注
   D. 既不互动，也不关注

25. 您是否在润土互助体验店（帮帮生活馆）的微信群聊里进行过产品的订购？
   A. 会，因为在微信群里消息更及时　　　B. 不会，担心交易存在风险

四、开放式问题

1. 您认为当前帮帮合作社在哪些方面还存在改进的地方？请您举例说明（至少说出3条），并按重要程度排序。

2. 你购买、消费帮帮生活馆的生态食材时，是否购买过有问题的农副产品？如果答是，请举例说明？若您购买到您认为不好的或有问题的农副产品时，你是如何解决这些问题的（您希望帮帮合作社如何解决）？

3. 您认为帮帮所提供的农副产品在产品质量（安全的顾虑）、种类以及持续供应以及服务方面是否满足了你的需求？如果没有，请你举例说明，你是如何解决这些问题的？（如从其他地方购买）

4. 您是否充分相信帮帮合作社？您与帮帮合作社的这种信任是如何建立的？您认为还有什么方式来加强这种信任关系？

第 4 章

创业项目论证

本章提要： 创业项目论证是对拟实施项目在经济上的盈利性、技术上的可行性、实施上的风险性进行全面、科学的综合分析。本章将以创业项目为主要分析对象，以体现农林类专业学生创新创业的特色，实现农林经济管理专业课教学与创业教育的结合、理论教育与实践学习的结合，积极创造机会去体验、感知企业的运营管理和发展。主要从创业项目的可行性分析、创业项目论证、创业项目实施策划等方面介绍创业项目的基础内容，提升大学生创业项目管理能力，学习先进理念，借鉴发展模式，准确把握创业导向，建立科学的创业风险预防机制。

4.1 创业项目可行性分析

4.1.1 项目和创业项目

4.1.1.1 项目的基本概念

中国项目管理协会对项目的定义为：项目是由一组有起止时间、相互协调的受控活动所组成的特定过程，该过程要达到符合规定要求的目标，包括时间、成本和资源约束的条件。项目有以下几层含义。

（1）项目具有复杂性和一次性。项目是一次性的、有限的任务，如神舟七号航天项目就是独一无二的，宇宙飞船和火箭都是全新研制的，是一项复杂的系统性项目。有些项目，如开发种新产品、建一幢房子、举办一场婚礼，则因其特定的需求和时空而成为独一无二的。例如，一场平民婚礼项目可能是在普通的酒店举行，而亿万富翁可能花费巨资把婚礼办成奢靡活动。即使在同一个场地举行婚礼项目，其主角和嘉宾也会不同。

（2）项目是一项有待完成的任务，有着特定的环境和要求。项目是一个动态的概念，即项目指的是一个过程，而不是过程终结时形成的成果，可以把一座大厦的建设过程叫作一个项目，而不把建成的大厦称为一个项目。无论是盖一座房子还是开发一款新计算机，实施过程需要有一个良好的环境，同时，项目团队必须按照设计的各项要求来实施。

（3）项目是在一定的组织机构内，利用有限的资源（人力、物力、财力等）在规定的时间内完成的任务。任何项目的实施都要受到一定条件的约束，这些条件是多方面的，如环境、资源、项目管理方法等，在诸多约束条件中，质量、进度、费用是项目普遍存在的主要约束。

（4）项目产品、服务或成果需满足一定的性能、质量、数量、技术指标等要求。接受客户委托开发的项目，必须满足客户的各项要求才能顺利交付。无明确客户的新产品研发项目，只有产品的性能和质量等能够满足市场的需要，才能获得商业收益。

（5）项目以客户为中心。任何项目的根本目标都是为了满足用户需求。项目团队不能僵化地执行项目开划，也不能简单地认为只要项目达到了技术，预算和进度计划的要求就视为成功。

所以，项目是在一定约束条件下，具有特定目标的一次性任务。在社会生活中，符合上述定义的事物是极为普遍的。

4.1.1.2 创业项目的基本概念

根据美国项目管理协会（PM）给出的定义，项目是指为创造独特的产品、服务或成果而进行的临时性工作。项目的"临时性"具体来说是指项目是具备明显的起点和终点的。

当项目达到最终目标或由于种种原因不能达到预期目标而中止时，项目也就结束了。项目所创造的产品、服务或成果一般不具有临时性，大多数项目都是为了创造持久性的结果，项目所产生的社会、经济和环境影响，也往往比项目本身长久得多。

从广义上来说，创业项目也是项目，创业项目创造的产品即为一家企业。运用不同的分类方式，可以将创业项目分为以下几类：

（1）从观念上来看，创业项目分为传统创业、新兴创业及最新兴起的微创业。

（2）从方法上来看，创业项目分为实业创业和网络创业。

（3）从投资上来看，创业项目分为无本创业、小本创业、微创业等。

（4）从方式上来看，创业项目分为自主创业、加盟创业、体验式培训创业和创业方案指导创业。自主创业需要资金链、人员、场地、产品等多项内容的系统化规划，创业起步较高，风险较大；加盟创业比较普遍，而且比较正统、专业、规模化。但同时创业者也需要从资金和经验问题，客观地考虑选择加盟项目。体验式培训创业类似于一个创业模拟，从中可以领略创业经验。

4.1.2 可行性研究的基本概念

可行性研究是在项目投资决策前，对项目进行研究评价的一种科学方法，它通过对市场需求、生产能力、工艺技术、财务经济、社会法律环境等方面情况的详细调查研究，就项目的生存能力和经济及社会效益进行评价论证，从而明确提出这一项目是否值得投资和如何运营等建议。也可以解释为是投资决策前，调查研究与拟建项目有关的自然、社会、经济、技术资料，分析、比较可能的投资建设方案，预测、评价项目建成后的社会经济效益，并在此基础上综合论证项目建设的必要性、财务上的盈利性、经济上的合理性、技术上的先进实用性、建设条件上的可能性和可行性，从而为投资决策和建设实施提供科学依据的工作。

4.1.3 可行性研究的作用

项目可行性研究是对与该项目相关的技术、经济、社会、环境等所有方面进行调查研究，对项目各种可能的拟建方案进行分析，研究项目在技术上的先进适用性，在经济上的合理有利性和建设上的可能性，对项目建成后的经济效益、社会效益、环境效益等进行预测和评价，提出该项目是否应该投资建设以及选择最佳投资建设方案等结论性意见，为项目投资决策提供依据。

综合论证一个项目在技术上是否先进、实用和可靠，在经济上是否合理，在财务上是否盈利，为投资决策提供科学的依据。而将可行性研究的成果编制成报告，即可行性研究报告，见本章附录。作为投资项目中的前期工作的重要内容，对项目具有十分重要的作用，主要体现在以下 8 个方面：

（1）可行性研究是坚持科学发展观、建设节约型社会的需要。

（2）可行性研究是建设项目投资决策和编制设计任务书的依据。

（3）可行性研究是项目建设单位筹集资金的重要依据。

（4）可行性研究是建设单位与各有关部门签订各种协议和合同的依据。

（5）可行性研究是建设项目进行工程设计、施工、设备购置的重要依据。

（6）可行性研究是向当地政府、规划部门和环境保护部门申请有关建设许可文件的依据。

（7）可行性研究是国家各级计划综合部门对固定资产投资实行调控管理、编制发展计划、固定资产投资、技术改造投资的重要依据。

（8）可行性研究是项目考核和评估的重要依据。

4.1.4 可行性研究的基本任务

可行性研究的基本任务，是根据国民经济中长期规划、地区规划、行业发展规划的要求，对拟建项目进行投资方案规划、工程技术论证、社会与经济效益预测和组织机构分析，经过多方案比较和评价，为项目决策提供可靠的依据和可行的建议。对新建或改建项目的主要问题，从技术经济角度进行全面的分析研究，并对其投产后的经济效果进行预测，在既定的范围内进行方案论证的选择，以便最合理地利用资源，达到预定的社会效益和经济效益。

可行性研究必须从系统出发，对技术、经济、财务、商业以至环境保护、法律等多个方面进行分析和论证，以确定建设项目是否可行，为正确进行投资决策提供科学依据。项目的可行性研究是对多因素、多目标系统进行不断的分析研究、评价和决策的过程。它需要有各方面知识的专业人才通力合作才能完成。

4.1.5 可行性研究的工作程序

国际上典型的可行性研究报告的工作程序分 6 个步骤。在整个程序中，雇主和咨询单位必须紧密合作。

第一步，开始阶段。要讨论研究的范围，细心限定研究的界限及明确雇主的目标。

第二步，进行实地调查和技术经济研究。每项研究要包括项目的主要方面，需要计量、价格、工业结构和竞争决定市场机会，同时，原材料、能源、工艺需求、运输、人力和外部工程又影响适当的工艺技术选择。所有这些方面都是相互关联的，但是每个方面都要分别评价。

第三步，优选阶段。将项目的各不同方面设计成可供选择的方案。这里咨询单位的经验是很重要的，它能用较多的有代表性的设计组合制定出少数可供选择的方案，便于有效地取得最优方案，随后进行详细讨论，雇主要做出非计量因素方面的判定，并确定协议项目的最后形式。

第四步，对选出的方案详细地进行论证，确定具体范围，估算投资费用、经营费用和收益，并做出项目的经济分析和评价。为了达到预定目标，可行性研究必须论证选择的项目在技术上是可行的,建设进度是能达到的。估计的投资费用应包括所有合理的未预见费用(如包括施工中的涨价预备费)。经济和财务分析必须说明项目在经济上是可以接受的,资金是可以筹措到的。敏感性分析则用来论证成本、价格或进度等发生时,可能给项目的经济效果带来的影响。

第五步,编制可行性研究报告。其结构和内容常常有特定的要求(如各种国际贷款机构的规定)。这些要求和涉及的步骤,在项目的编制和实施中能有助于雇主。

第六步,编制资金筹措计划。项目的资金筹措在比较方案时,已做出详细的考查,其中一些潜在的项目资金会在贷款者讨论可行性研究时冒出来。实施中的期限和条件的改变也会导致资金的改变,这些都可以根据可行性研究的财务分析做相应的调整。最后,要做出一个明确的结论,以供决策者做出最终判断。

4.1.6 可行性研究的阶段划分

(1)机会研究。又称投资机会鉴定。它的任务是在一个特定的地区和行业,分析和选择可能的投资方向,寻找最有利的投资机会,同时,对项目有关数据进行估算。其步骤大体是:国别研究、地区研究、部门或行业研究以及提供项目报告。机会研究比较粗略,主要依靠笼统估计而不是详细分析。精确度一般为 ±30%。一般需要 2~3 个月的时间,费用占总投资的 0.1%~1%。

(2)初步可行性研究。是经投资决策者初步判断并提出进一步分析的要求后,对项目方案所做的初步的技术和经济等方面的分析,为项目是否可以实施提供判别依据。一般需要 4~6 个月的时间,费用一般占总投资的 0.25%~1.5%。各种数据的估算精度为 ±20%。

(3)可行性研究。这一阶段不但要对项目从技术、经济方面进行深入而详尽的深一步研究,确定方案的可行性,还必须对多种方案进行反复权衡比较,从中选出投资省、进度快、成本低、效益高的最优方案。可行性研究将为如何实施投资项目提供指导性依据。可行性研究内容与初步可行性研究的内容基本相同,但数据更精确,估算精度为 ±10%。一般需要 8~12 个月的时间,费用占总投资的 1%~3%,大型项目占比达到 0.2%~1%。

(4)编写可行性研究报告。这一阶段的主要任务是将可行性研究的基本内容、结论和建议用规范化的形式写成报告,成为最终文件,以提交决策者,作为最后决策的基本依据。

(5)项目评估。是指银行、政府部门、金融信贷机构对项目的可行性研究报告做出评审估价。项目评估和可行性研究同是为投资决策服务的技术经济分析手段,它们的内容基本相同,但它们是投资决策过程中的两个不同的重要阶段。不同之处在于:可行性研究由投资者负责,侧重更新技术、扩大生产、赚取利润;项目评估则由银行或金融机构进行,侧重贷款的收益与回收问题,主要评估项目的还款能力及投资的风险。

此外,国外可行性研究阶段主要划分为:机会研究、初步可行性研究、详细可行性研究、评估决策。国内一般项目不区分,大型或技术复杂的项目可分为初步和详细可行性研究两步进行。

4.1.7 对承担可行性研究工作单位的要求

（1）资格类别。在我国从事项目可行性研究工作被列入工程咨询行业，实行资格准入制度，由国家发展和改革委员会管理。凡取得工程设计资格或工程咨询资格证书的单位方可承担项目可行性研究工作。

（2）业务范围。从业单位只能承担与其资格相符的咨询任务，不得超越资格证书限定的业务范围和工程级别。

（3）资质等级。国家对工程设计和咨询单位实行甲、乙、丙三级管理，各级有相应的执业范围规定。

（4）信誉。承担项目可行性研究的单位必须独立、公正、客观、科学的对项目做出准确、真实的评价。

4.2 创业项目论证

4.2.1 项目建设背景

4.2.1.1 项目由来

阐述建设该项目的理由，即为何提出兴建该项目。

2015年5月4日，国务院办公厅印发《关于深化高等学校创新创业教育改革的实施意见》，提出健全创新创业教育课程体系，要求各高校要根据人才培养定位和创新创业教育目标，促进专业教育与创新创业教育有机融合，调整专业课程设置，挖掘和充实各类专业课程的创新创业教育资源，在传授专业知识过程中加强创新创业教育。

2018年9月26日，《国务院关于推动创新创业高质量发展打造"双创"升级版的意见》发布，提出了强化大学生创新创业教育培训。在全国高校推广创业导师制，把创新创业教育和实践课程纳入高校必修课体系，允许大学生用创业成果申请学位论文答辩。支持高校、职业院校（含技工院校）深化产教融合，引入企业开展生产性实习实训。

近年来，创新创业教育已进入逐渐深化阶段，高等学校要落实国家创新创业教育的决策和部署，以创新创业教育引领自身改革与发展。以此为核心构建相应的人才培养模式以及课程体系，形成有自身特色的创新创业教育体系和实践模式。高校创新创业教育作为国家创新驱动战略中创新人才培养的关键环节，得到了政府政策的高度支持。学校希望通过鼓励大学生参与创新创业项目，激发学生的创新意识提高学生的创新能力。

"三农"创业项目是贯彻落实《国务院关于推动创新创业高质量发展打造"双创"升级版的意见》和《国务院办公厅关于深化高等学校创新创业教育改革的实施意见》的要求，

把创新创业教育贯穿人才培养的全过程。

4.2.1.2 项目建设的必要性

（1）宏观经济要求。即国民经济和社会发展的要求，如中央一号文件提出恢复粮食生产能力等。2019年，中央一号文件提出，大力推进乡村创新创业。深入推进农业农村领域"放管服"改革，完善乡村双创政策支持体系，重点解决信贷、技术、用地、用电等方面困难。加大创新创业人才培训力度，开展带头人培育行动。建设一批创新创业园区，认定一批实训孵化基地，吸引外出农民工、高校毕业生、退伍军人、科技人员和城市各类人才，返乡下乡创新创业。加强双创典型推介。同时，在国务院关于推动创新创业高质量发展打造"双创"升级版的大环境下，创业项目的发展在政策上得到大力支持。大力推动"双创"提高水平，以创业带动就业，促进新兴产业发展，拓展就业新空间。

（2）行业和产业政策的要求。如农业部制定的《国家优质粮食产业工程规划》《优势农产品区域布局规划》提出的指导方针、规划布局等。

（3）投资方向的要求。国家和农业部农业基本建设或国债投资重点支持发展的行业、领域或项目。

（4）本地区或区域经济与农业发展的要求。即本地区经济或农业发展急需解决的突出问题。

西南林业大学位于云南省会昆明，云南地处西南部边疆民族地区，地理位置特殊，农、林业资源丰富，创业项目的研究对该地区经济发展具有重要的意义。农林经济管理学科是西南林业大学的传统和优势学科，实训教程紧密结合国家"三农"政策，注重培养大学生创新创业能力，构建适应农业农村现代化和乡村振兴需要的复合应用型农林人才培养体系。农林经济管理创新创业实训教程可有效满足云南省高原特色农业急需紧缺的市场与管理型人才的需要。

近年来，大学生创业项目数量呈增长趋势，并逐渐形成大学生创业的良好氛围，但在边疆民族地区还有待加强。培养学生的创新能力是大学本身存续和发展的根本要义，将创新型人才的培养渗透在实训教程中将有助于实现专业能力向生产力的转换。正确引导在校大学生利用自身农林类专业特长进行创业，有助于解决大学生创业问题，并帮助学生适应社会需求、全面展现其价值，同时可促进"三农"创业项目的发展。

4.2.2 需求预测

4.2.2.1 国内外市场调查和预测

项目产品在国际、国内市场现状与需求趋势分析预测。拟建项目产品的国内及本地区的供求现状及发展趋势分析预测。

分析本项目国内及本地区的主要生产厂家、生产能力、开工率；在建项目和拟开工建设项目的生产能力，预计投产时间。预测内容有：本项目消耗对象；本项目的消费条件；本项目更新周期的特点；可能会出现的替代产品；本项目使用中可能产生的新用途等方面。

从产品质量、技术、性能、价格、配件、维修等方面，预测产品替代进口量或出口量的可能性，分析本项目的国内外市场竞争能力，同时重点关注国家对本项目出口及进口国对进口的政策、规定（限制或鼓励）。

4.2.2.2 市场的饱和程度

明确本项目的主要用途，目前主要使用行业的需求量，未来市场预测。分析产品经济寿命期，目前处于寿命期的阶段，开发新用途的可能性。深入调查地区或经济区域市场，项目产品在本地或经济区域的现状与需求趋势分析预测。同时，做好拟建项目产品生产规模及销售的区域，以及产品的市场定位、份额与价格的分析预测。市场风险预测与对策。未来市场变化对项目产品可能产生的影响分析与对策措施。

分析本项目市场风险的主要因素及防范的主要措施。拟建项目产品的市场竞争力或优势，以及可能存在的市场风险预测与对策。

4.2.2.3 产品方案

明确产品选择规格、标准及其选择依据。生产产品的主要设备装置，设备来源，年生产能力等。了解发展趋势，特别是要着重回答产品在本区域市场的需求状况，以及销售的保障程度。

4.2.3 建设规模

建设规模的分析在可行性研究中占有的重要地位。任何一个项目，其生产规模的确定、技术的选择、投资估算乃至厂址的选择都必须建立在对市场需求情况有充分了解的基础上。同时，市场分析的结果，还可以决定产品的价格、销售收入，最终影响到项目的盈利性和可行性。在可行性研究报告中，对市场需求预测，价格分析进行详细阐述，并确定建设规模。

决定项目建设规模的主要因素包括：项目产品的市场需求，投资者资金实力与融资能力，项目所用技术及工艺路线，各种生产投入物及能源的供应量和可靠性，经济规模，项目风险及项目主体的风险承受能力等。

根据确定的生产规模，设计所需的生产设施和相应的配套设施。在分析项目规模时，首先考察项目产品的需求量和可能的销售量，销售量必须大于最小经济规模，否则，就应放弃该项目。如果产品销售和投入物都有供应保障，项目规模由项目主体的资金实力和融资能力决定。在资金不足时可按一个经济规模建设项目，当资金充裕时再续建若干个具有最佳规模的项目。如房产开发项目常分期施工，一期工程边施工边销售，获得资金后再开工二期工程。

4.2.4 工艺技术方案

工艺技术方案的内容主要考虑以下4点。一是工艺技术选择路线的原则及理由；二是技术来源与相关费用；三是编制工艺技术流程图，说明主要技术环节控制措施及有关参数；四是阐述所选工艺技术的先进性、成熟性、可靠性及经济实用性。

工艺技术方案的选择离不开设备选型，设备选型主要看以下 4 个方面。一是仪器设备配置的原则、理由或依据；二是现有仪器设备情况，逐一说明名称、规格型号、数量及完好程度；三是说明拟新购置仪器设备的名称、规格型号、数量及增加的理由；四是编制仪器设备清单，内容包括名称、单位、规格型号、数量及主要技术参数说明。已有与新购仪器设备分别编制。

按项目类别分别提出工艺技术方案和设备选型方案。具体内容包括以下两点。

（1）工艺技术方案。①拟建项目工艺技术选择的原则或路线。②拟建项目工艺技术方案，所选工艺技术的来源及相关费用。③编制工艺流程框图、各工艺环节的技术参数或说明。④阐述所选工艺技术的先进性、成熟性、可靠性及经济实用性。

（2）设备选型。根据项目类别、工艺技术要求、建设标准，选择配置相应的仪器设备。续建和改扩建项目，必须提出现有仪器设备清单，并在已有基础上填平补齐。①依据所选工艺技术，阐述拟选工艺设备和附属配套设备的依据和理由。②说明已有仪器设备情况，可以继续使用仪器设备的名称、规格及数量。③说明新增加仪器设备的名称、规格、数量及其增加的依据和理由，进口设备应述明引进的依据、理由及费用。④编制仪器设备清单，将已有和新增分别标注；仪器设备清单内容包括设备名称、单位、规格、数量及主要技术参数说明等。⑤项目需要配置农机具的，根据项目编报要求及建设内容，配置相关的农机具，并说明工艺配置要求和用途，同时将所选农机具列出清单（农机具购置费控制在项目财政资金总额的 5% 以内）。

工艺技术方案的选择与设备选型会存在以下问题。一是不理解什么是工艺技术方案，认为农业项目没有工艺之说；二是没有技术方案或技术方案粗浅，不能反映项目实现建设目标和功能的技术途径；三是没有技术流程；四是技术方案与设备选型脱节；五是所选设备没有编制仪器设备清单或前后矛盾。

4.2.5　建设方案与建设内容

4.2.5.1　建设方案

建设方案主要包括以下 3 点：①项目建设的指导思想、原则。②项目建设目标，包括产品规模目标、技术目标、质量目标、管理目标等。如项目建设达到的单产、总产、商品率、农户增收、产品质量水平等指标和社会及生态效益目标等。③项目建设的总体思路、总体规划布局及其依据和理由；生产布局或功能分区的划分及其依据和理由，并绘制总体规划布局图或总平面图。

4.2.5.2　建设内容

根据项目建设总体布局和工艺技术要求，按单项工程逐一阐述其建设的必要性及其规模确定的依据和理由。根据项目申报指南规定，按土建工程、田间工程、仪器设备分类，以单项工程为准分别说明建设内容与规模（或工程量）。按照"缺什么、补什么"的原则，合理安排建设内容。

（1）土建工程。包括各种建筑工程（如实验室、库房、加工车间等）、农业设施工程（如各种温室、大棚、晒场等）、附属配套工程（如供电、围墙、道路等），应分别说明用途、建筑面积、结构类型、层数（特殊用房标明层高）、装修标准、工程做法，以及通风、空调、供水、供电、弱电要求；温室和大棚要说明温、湿度控制要求与措施、灌溉方式及灌溉设备选型等，公用设备应说明配置依据、设备名称、规格（或尺寸）、单位、数量等。

（2）田间工程。①田间设施：包括田间灌溉排水渠系及水工建筑物、水源工程（井、池、塘、库、窖、站等）、农田整治、田间道路及各种圃的建设工程，应描述名称、单位、数量、做法、设计标准、使用年限等；灌排渠道要说明流量、断面尺寸，打井要说明井深、流量。田间道路以长度、宽度和路面做法表述。②地力建设：应说明建设面积（亩数）、建设内容及具体措施和指标等。

（3）仪器设备。仪器设备在前章设备选型中已经明确交代的此处可以简要说明。

（4）其他建设内容。

（5）土建工程和田间工程建设内容与规模一览表。项目建设内容应编制土建工程和田间工程建设内容与规模一览表，内容包括单项工程名称、单位、标准（或规格尺寸）、数量，并在备注栏说明依据、标准、做法、结构形式等。

4.2.6 环境保护方案

环境保护主要包括以下4个方面。一是环境现状描述。包括土地、植被、土壤、空气、水体等；二是全面分析污染因素。包括废气、废水、固体废弃物、噪声及其他污染物等排放数量及其对环境的影响程度；三是对有污染的项目，要提出具体处理技术方案及措施，污染物处理后能达到相应的排放标准；四是有严重污染源涉及公共安全的项目要有环评报告和当地环保部门批件。

此外，项目的环境影响也包含在考虑范围内。项目的环境影响评价是指识别、预测和评价该项目可能对环境带来的影响，提出预防或降低不良环境影响的具体措施。环境影响评价有严格的管理程序，基本内容包括以下3个方面。

（1）环境条件调查。调查项目所在地的大气、水体、地貌、土壤等自然环境状况；森林、草地、湿地、动物栖息、水土保持等生态环境状况；城乡分布及人口数量与密度、居民生活、文化教育卫生、名胜古迹、风俗习惯等社会环境状况。

（2）影响环境因素分析。分析项目建设过程中破坏环境、生产运营过程中污染环境，从而导致环境质量恶化的主要因素。计算各种污染物数量及其对环境的污染程度，找出主要影响因素，并进行环境影响程度分析。

（3）环境保护措施。根据项目的污染源和排放污染物的性质提出治理方案，编制项目环境影响报告，内容包括：项目概况，项目周围环境现状，项目对环境可能造成影响的分析与预测，项目环境保护措施及经济、技术论证，项目对环境影响的经济损益分析，环境监测建议和环境影响评价结论。

4.2.7 组织管理与实施进度

4.2.7.1 项目实施组织管理

项目实施组织管理主要负责以下3个方面。

（1）管理机构与职能分工。编制管理机构框图，包括决策机构、实施职能机构及职责分工。

（2）项目实施各阶段的管理方案或措施。包括可行性研究、初步设计及施工图设计、工程施工、工程监理、资金管理、竣工结算和决算、竣工验收、固定资产移交等实施计划及责任部门或责任人。

（3）工程招投标方案。主要包括施工招标、仪器设备及农机具采购招标等。根据国家和农业部有关规定，明确招标范围。公开招标或邀请招标来决定招标方式。自行招标或委托招标来决定招标形式。

4.2.7.2 项目建成后的运行管理

（1）运行管理机构。包括机构框图、人员编制及职能分工、人员培训，以及保证实现项目目标的管理制度或措施等。

（2）运行管理机制方案设计。项目建成投入运行后如何管理或经营，若运行中涉及多方（事业单位、企业单位、农户等）共同管理的，必须提出未来项目运行管理的方式或运行机制，应签订各方意向协议。

（3）分析说明运行经费的解决方案。

4.2.8 投资估算与资金来源

这一部分是项目可行性研究内容的重要组成部分。每个建设项目均需计算所需要的投资总额，分析提出投资的筹措方式，并制定用款计划。

4.2.8.1 投资估算

建设项目总投资估算包括固定资产投资总额和流动资金估算。

（1）投资估算内容。可行性研究报告投资估算包括估算说明和总投资估算表、单项工程综合投资估算表、仪器设备投资估算表的编制。

（2）投资估算编制说明。要分别对总投资估算、单项工程投资估算表和仪器设备投资估算表中的工程量核定、建筑工程的结构类型（仪器设备指规格型号）、单价（或单位工程造价）及各种税费费率的取值依据和理由做逐一说明。

（3）编制投资估算表。①总投资估算表：按工程建设费、工程建设其他费、预备费三项合计为项目建设总投资（或称固定资产总投资）。②单项工程综合投资估算表：按项目具体建设内容凡单独设计、单独施工、独立发挥作用的单体工程（如独立建设的科研实验楼、库房、晒场、温室、渠系、打井等），均应编制单项工程（或综合）投资估算表。土建工程、田间工程估算内容包括工程名称、单位、工程数量、单价、合价。③仪器设备投资估算表：根据仪器设备清单编制仪器设备投资估算表，按实验室仪器设备、加工设备、农机具、其他设备分列。仪器设备估算内容包括设备名称、规格、单位、数量、单价、合价。

（4）投资估算依据。可采用当地或行业部门现行的土建、水利工程投资估算指标、概算定额，但要说明这些指标或定额的颁布部门及颁布时间。以主管部门有关项目投资估算编制要求文件为依据的，说明文件名称与文号。工程量与仪器设备数量以建设方案确定的数额为准，但应对计算方法与计算依据做进一步说明。①工程建设其他费用：包括可研报告编制费、设计费、研究试验费、环境影响评价费、监理费、招投标费、建设单位管理费等。工程建设其他费用一般控制在工程建设费的5%左右。②预备费：主要估算基本预备费，一般按土建工程、田间工程、仪器设备购置及工程建设其他费用之和的3%~5%计取。

（5）投资构成分析。分析工程建设费、设备购置费及其他投资等各占项目总投资的比例。在总投资表中反映。

4.2.8.2 资金来源

说明项目总投资中，中央投资、地方配套及自筹资金数额及比例。建设项目所需要的投资资金，其来源是多渠道的。项目可行性研究阶段，资金筹措是根据对项目固定投资估算和流动资金估算的结果，研究资金的来源渠道和筹措方式，从中选择条件优惠的资金。在可行性研究报告中，应当对每种来源渠道资金及其筹措方式逐一论述，并附有必要的计算表格及其他附件。在可行性研究中，应对项目筹资方案的资金来源和内容加以说明。

4.2.8.3 资金运用

编制项目分年度、分来源的资金使用计划表。资金使用计划应与项目实施进度计划相衔接，用款计划要与资金来源相适应。

4.2.9 效益分析

在确定建设项目的技术路线以后，必须对各种方案进行财务、经济社会效益评价，判断项目在经济上是否可行，并评选出优秀方案。本部分的评价结论是建设方案的主要依据之一，同时也是对建设项目进行投资决策的重要依据。

这一部分简要说明可行性研究报告中财务、经济与社会效益评价的主要内容。

（1）生产成本与销售收入估算。主要有生产总成本、单位成本和销售收入估算。

（2）财务评价。所谓财务评价是指考察项目建成后的获能力，债务偿还能力及外汇平衡能力的财务状况，借以判断项目在财务上的可行性。财务评价的分析方法是表态分析与动态分析相结合，以动态为主，同时采用财务价指标分别与相应的基准参数——财务基准收益率、行业平均投资回收期、平均投资利润率、投资利税率做比较，以此来判断项目在财务上是否可行。

（3）项目的国民经济评价。项目的国民经济评价是项目经济评价的核心，是决策部门做项目取舍的重要依据。建立项目国民经济评价采用费用与效益分析方法，运用如影子价格、影子汇率、影子工资和社会折现率等参数，从而计算项目对国民经济的净贡献，病人项目的合理性。国民经济价主要采用国民经济盈利能力分析与外汇效果分析，以经济内部收益率（EIRR）为主要的价指标。同时根据项目的具体特点和实际需要，也可以计算经济净现值（ENPV）指标。涉及产品出口创汇或替代进口节汇的项目，要计算经济外汇净现值（ENPV）、经济换汇成本。

（4）对项目的不确定性分析。对建设项目进行评价，所采用的数据多数来自预测和估算。由于资料和信息是有限的，实际情况可能与此有出入，这对项目投资决策会带来风险。为了避免或尽可能地减少风险，就需要分析不确定性因素对项目经济价指标的影响，以确定项目是否可靠，这就是不确定性分析。

根据分析内容和侧重点不同，可以将不确定性分析分为盈亏平衡分析、敏感性分析和概率分析。进行可行性研究一般要进行盈亏平衡分析，敏感性分析和概率分析可视具体情况而定。

（5）对项目的社会效益影响分析。除对以上各项指标进行计算和分析之外，还应对建设项目的社会效益和社会影响进行分析，即对不能定量的效益影响进行定性描述。

（6）效益分析方面的问题。对于农业项目经济效益及社会效益均不明显，或效益不佳。

在环境保护与安全生产方面，很多报告都没有相关的介绍，缺乏详细设计。这反映了项目申报单位和可研报告编制单位对这方面问题的重视不够。而在实践中，这又是很多项目不能顺利建设的重要制约因素。如良种繁育项目，种子包衣生产中的环保问题就是一个十分重要的问题，但是，很多项目在设计论证中并未提及此类问题的环保解决措施。

4.3 校园水果店创业项目实施策划

4.3.1 项目概况

4.3.1.1 项目筹建目的及意义

建立校园水果店是为了服务西南林业大学新校区师生，使在校师生更加方便购买水果，同时获得较好的利润，实现致富。

4.3.1.2 项目建设的特点

校园水果店以小商店形式开设在校园内，其营业面积不大，商品种类不多，规模相对较小，属于小型简易商店类，但是便利店自有其特点：

（1）营业时间长（7：00~23：00），填补超市和一般商店营业时间较短的空缺。

（2）供应的商品都是常用的、高回转率的、易消耗的，这既面向最广大消费群体日常的小额消费，也是水果店大量进货、降低成本的关键。

（3）满足了大学生就近购物、低价购物、诚信购物的消费需求。社区水果店将是继大型百货超市后，又一种新兴的零售业态，是零售业发展的趋向。

4.3.2 市场分析与销售方案

4.3.2.1 优势分析

（1）区位优势。水果店位于西南林业大学新校区第三教学楼背后，15、16栋学生宿舍门口，毗邻经济管理学院、会计学院、文法学院、马克思主义学院以及行政楼，新校区内商铺较少，竞争者较少。聚集着较大的市场"财源"和市场开发潜力。且当前校区中，未有主打水果超市的店面存在，对于水果转卖理念独属一家。

（2）人气优势。附近大学生宿舍楼及各个学院楼聚集，同时，第三教学楼是西南林业大学校开展课堂教学的主要教学楼之一，工作日12个课时都有大量学生流动，进出宿舍及教学楼的流动人口较多人气优势良好。

（3）场地优势。①该场地面积20平方米，与店铺的销售前景及预估相吻合。②该场地结构规整，有利于卖场规划布局。③该场地已作装潢商用，无需投入过多的装潢资本，搬入即可开业。

（4）客源优势。目标店客源范围内常住客源均为在校大学生。购买力较好，且流动性客源也带有一定销售目的，这是影响目标店销售最直接的利好因素。

4.3.2.2 竞争劣势

（1）场地劣势。①目标店略偏离学校主街道。除15、16栋宿舍楼外，离其他宿舍楼有一定距离，对吸引流动性客源多少有些影响。②目标店位于校园内，不利于开发广告资源，势必造成营业外收入的相应减少。③目标店小本经营，利润较小，通过学校组织的招标争取经营权，年租金大概为7万元，租金略偏高。

（2）竞争劣势。目标店旁是较成熟的餐饮地点。因此，筹建的水果店客源更多来于吃完饭购买水果回寝室的大学生，推出新鲜降价活动才能达到吸引顾客效果。

4.3.2.3 经营定位

综合以上优劣势，我们经过综合评估，确定目标店的经营运作定位：专注大学生喜好的水果专营超市。

4.3.2.4 销售方案

由于季节的变化，水果店销售水果的种类也有所不同，以满足顾客的需求。第一季度，该水果店主要销售的水果有：苹果、梨、芦柑、香蕉。第二季度销售水果主要有：西瓜、杧果、芦柑、菠萝。第三季度主要销售的水果有：西瓜、杧果、葡萄、桃子。第四季度主要销售的水果有：苹果、梨、芦柑、香蕉。该水果店选择开在15、16栋宿舍门口，不仅保证了销售量，还方便了大学生的购买。

4.3.3 原材料

4.3.3.1 店铺的装修及布置

出于成本预算及市场定位的考虑，店铺的装修与布置花费不用盲目过多，应找寻差异化方式进行店面美化。加之店面已有基本装潢，只需稍加整理即可。

（1）色调。店内色调应该按照不同区域的功能而实施不同的色调装修，针对春、夏季的水果陈列区应当以冷色调的中性色为主，多采用粉蓝色、亮绿色、浅紫色为主；而其他区域应该以暖色调为主。再配合水果本身不同的颜色对比，陈列出令人耳目一新的感觉。尽量将色差大的同类水果摆放在一起。

（2）布置。突出西南林业大学的林业特色，利用藤蔓式、枝节式的装饰植物进行闲置区的装饰，避免给人感觉店内布局轻重不一、形式单一。四周与天花板加装镜面，使水果店看上去品种更加繁多、琳琅满目，吸引顾客眼球。

（3）灯源。适当地利用灯源可以较好的体现水果质感，美化卖相。

4.3.3.2 店铺的硬件与人员配置

（1）硬件建议。

①电子喷雾器：利用电子喷雾器对某些高端、易氧化、易脱水的水果进行加湿，保持其新鲜程度，并增加店内视觉冲击力，提高销售额。

②磅秤：用于大批量水果购入称重。

③水果陈列排档：针对不同的水果，不同的陈列方式，需要不同的陈列排档。一般果类水果以倾斜30°左右的排架陈列，而香蕉、杧果、瓜类以分层式的排档陈列。

④冷藏陈列柜：冷藏陈列柜的温度通常应控制在0~4℃，用于不宜保存、需二次包装陈列或者避免损耗的水果陈列。

⑤放心称：店内除了销售用称，还要摆放1个放心称，供大家使用。

⑥收款台：负责为消费者提供结账服务。

⑦其他：挂式空调机、门面招牌、消防设备。

（2）人员配置建议。店长1名，店员1名。

4.3.3.3 原材料供应

水果店和批发市场固定店面签订合同，每天6:00送货上门，同时派小车去买时令性、小批量的水果。

4.3.4 工艺流程及准备

店铺面积为20平方米，月租金：5800元。店里拥有1辆货车，使用0#柴油，价格6.65元/升。水果店里拥有保鲜柜一台，价格3000元，每小时耗电量为0.5度，电价0.5元/度。水果店每月消耗10吨水，价格2.05元/吨。

每天凌晨6:00，水果供应商送货上门后，由店员码放水果进行销售。结束一天的经营后,将没有卖出的水果放入保鲜柜,明天再继续销售。

店面适当装修,购买冰柜、货架以及去批发市场寻找最合适的原料供应商,开业宣传海报制作,开业酬宾的价格、时长等。

4.3.5 方案可行性分析

4.3.5.1 经济可行性

商铺年租金约为70 000元,每天租金成本约为192元;店员人工成本每天150元(固定工资);水电损耗每月300元左右;前期装修、冰柜、货架、收银台、营业执照等固定支出8400元。15、16栋宿舍200个寝室,每周一半宿舍学生购买1次水果,每次30元,每月预计收益在12 000元。校园内街道路过及教学楼路过的人流量大约为1000人,按5%的成交率算,每人次20元,每天销售收入在1000元,即水果店月收入在32 000元,按水果店普遍行情利润率在35%计算,利润在11 200元左右。

预计每天损益:销售收入每天1000元,水果成本500元,水果损耗50元,水电耗损每天10元左右,营业税及其他固定资产损耗50元,人工成本150元,每天利润390,保本营业额为560元。

4.3.5.2 其他损耗

(1)商品管理方面。信息、类别、货架、价格。

(2)进退货管理方面。进退货、供应商。

(3)销售管理方面。每日销售、个别商品、商品保损。

(4)库存管理方面。商品信息、盘点。

4.3.5.3 技术可行性

采用SWOT分析法分析进行分析。

(1)优势。①地理位置优越,位于15、16栋学生宿舍下,第三教学楼后门口,离消费者群体近,学生购买水果很方便。②内部装修环境好,给顾客创造较好在购物环境,无形中能增加水果销量。③价格合理,一般在学生的承受范围。④老板服务比较热情周到,像哈密瓜、柚子等可以在水果店削皮。⑤水果店规模不大,只有自己家人经营,没有雇佣其他人员,在管理上几乎没有问题,员工成本也较少。

(2)劣势。①店面太小,发展空间有限,无法与其他大型水果超市竞争。②购买后无凭条,万一有质量问题无法妥善解决。③店里人员不多,若遇上购买人数较多时,会由于服务不到位而削落交易量,而且人多时不能注意顾客挑水果过程,可能会造成水果被损坏,从而影响后续销售。④购买力有限,由于主要的消费者是学生,而学生经济来源单一,一般难以消费高档水果。

(3)机会。①有学校的政策支持,可以给店铺优惠,很少的成本投入就可以开业。②顾客量稳定,在稳定发展的基础上可以扩大规模。③水果是大众消费的一个重要组成部分。

(4)威胁。①学校外正在发展别的水果店,行业压力较大。②水果品种不够多,更新不够快，顾客不能及时享受到应季的水果。③学生生活水平的提高，对食品健康要求也越来越高，对水果口感好、新鲜、无农药等要求逐步提高。

4.3.5.4 社会可行性

（1）能够方便水果店与供应商的密切联系，给采购人员提供采购过程的决策支持。

（2）能够通过一系列的信息资料挖掘出顾客购买的偏好，研究出消费者的消费习惯，从而抓住商机。

（3）能够方便大学生，满足其日常生活需求。

（4）最重要的是，结合学校鼓励大学生创业的政策，在校内开展创业学校提供一定的支持与帮助。

由此可见，开办校园水果店在社会环境方面可行。

4.3.5.5 创办水果店的必要性

（1）显见的必要性。随着大学生对生活质量要求的提高，水果超市的创建是必然的。校园水果超市在服务学生，获得利润的方面是非常好的，其必要性显而易见。

（2）潜在的必要性。大学生消费群体是现代消费群体中消费能力及愿意消费占较大的比重，抓住大学生消费心理是企业必然的发展趋势，将给企业带来管理上的变革和效益上的增长。

（3）预见必要性。随着经济发展，水果超市行业竞争日益激烈，趋向现代化。校园水果超市，在于其得天独厚的地理位置，市场竞争面较小，可以保证企业正常盈利。有助于提高企业收益，是新时期不错的小成本创业项目。

4.3.6 结论

综上所述，从经济、管理、SWOT分析和社会环境论证方面来看，建立校园水果店具有可行性，故可以建设校园水果店。

附录　创业项目可行性报告模板

创业项目可行性研究报告

第一节　项目概况

一、项目背景

二、投资方简介

三、目标公司简介

第二节　拟投资行业及市场概况

一、国内相关行业及市场概况

二、国际相关行业及市场概况

第三节　项目实施的必要性与可行性

一、项目实施的必要性

二、目标公司市场分析

三、项目实施的可行性

第四节　项目内容及实施方案

一、经营收入估算

二、经营总成本估算

三、经营利润与财务评价

第五节　项目效益分析

一、经营收入估算

二、经营总成本估算

三、经营利润与财务评价

第六节　项目风险分析及对策

一、市场风险及对策

二、技术风险及对策

三、财务风险及对策

第七节　投资方案

一、收购定价

二、预计投资总额

三、资金来源与支付

四、后续发展方案

第八节　报告结论

第 5 章

创业模拟运营

本章提要：企业模拟运营是在项目论证的基础上,应用手工沙盘或电子沙盘对拟创业项目实施所涉及的采购、生产、销售等价值链环节进行全过程的运营模拟,实现将工厂、企业搬进校园的目的。本章将以金蝶 ERP 电子沙盘为教学工具,结合以往多轮次沙盘实训指导学生的实践经验来设计实训教学方式方法。首先,由指导教师讲解创业模拟运营的基本规则,对沙盘的盘面做初始经营参数设计,带领学生展开预运营以掌握企业模拟运行的流程;其次,组织学生进行创业模拟企业运营的角色设计,实施6~8个经营周期的企业模拟运行;最后,组织学生展开实训交流,通过实训小组做实训汇报、模拟企业总经理做经营总结、模拟企业财务经理做财务报告、指导教师做点评与分析等方式,提升创业模拟运营实训的效果。

5.1 实训安排

企业经营沙盘模拟实训课程起源于瑞典，在1978年推出后迅速风靡全球，成为世界500强企业广泛采用的一种经理人培训方法和众多工商管理硕士（MBA）学院的必修课。该课程通过模拟企业的竞争环境，以体验式的互动学习方式，使学习者置身于国际化、信息化、瞬息万变的复杂环境中。通过模拟企业的整体运营过程，让学习者深入分析企业的内外部环境，制定战略方案、市场及产品决策、生产决策、营销决策、财务决策，体验企业经营决策的全过程，从而掌握制定决策的方法，远离决策陷阱和误区；洞悉企业成功经营的核心要素，迅速提升战略决策和运营管理的能力，并深刻体会到信息化的重要性和必要性，实训要求见本章附录1。

5.1.1 实训内容

沙盘实战演练是将企业资源、企业组织、企业的外部环境等企业基本元素清晰、直观地展现在一个沙盘和教室之中，然后将学生分配在若干个基本元素相同、相互竞争的模拟企业里，根据市场需求预测和竞争对手的动向，亲自制定企业产品、市场、销售、融资、生产方面的长、中、短期策略，体验企业的各种经营活动，并在年末用会计报表结算经营结果，并通过经营状况的分析，制定新一年的经营方案，完成下一年的经营任务。

沙盘实战演练使学员在学习过程中独立进行企业经营决策模拟，推演企业实际运营状况，并且在参与企业经营的过程中体会企业运营的管理思想。

5.1.2 实训目标

创业模拟运营的实训主要包括如下目标：
（1）理解企业生产经营的基本内容和过程。
（2）从高层管理者的角度了解企业资源运营状况，并寻求最佳的利润机会。
（3）掌握财务结构，解读财务报表。
（4）从中级管理者的角度了解整个企业的运作流程，从而和不同部门达成更有效的沟通。
（5）从企业全局的角度理解部门沟通的重要性以及业务流程的基本思想。从团队成员的角度理解团队合作中沟通的重要性。

5.1.3 实验安排

5.1.3.1 实验时间

创业模拟经营实训安排在学期的第17~20周。教学内容按18学时安排，各章讲课时分配见表5-1所列。

表 5-1 实训课时安排

章序及内容	学时分配
（1）熟悉企业运营规则	2
（2）第一运营周期实训及点评	2
（3）第二运营周期实训及点评	2
（4）第三运营周期实训及点评	2
（5）第四运营周期实训及点评	2
（6）第五运营周期实训及点评	1
（7）第六运营周期实训及点评	1
（8）第七运营周期实训及点评	2
（9）第八运营周期实训及点评	1
（10）本团队点评、交叉点评和老师点评	1
（11）总结实训心得，撰写实训报告	2
合　　计	18

5.1.3.2　实训地点

在虚拟仿真实训室内实施创业模拟经营企业实训教学活动。

5.1.3.3　本实训同其他课程的联系与分工

（1）先修课程。会计学原理、管理学、统计学、财务管理等。

（2）后续课程。无。

（3）联系与分工。本课程是现代管理科学与会计相结合的一门边缘性学科，且侧重于为企业管理服务。所以其理论基础涉及财务会计、成本会计及管理学相关学科。

5.1.4　实训方式

（1）学生分组。学生 5 人一组，以团队方式共同完成实训任务；每组设组长 1 名，按照组长负责组员、班长负责组长的方式层层落实管理责任和任务分解。在创业模拟经营企业中，每一位参与实训的学生将通过岗位竞争方式，分别承担相应的经营角色，合作完成创业模拟经营企业运营活动。

（2）总结交流。首先按 4 家创业模拟经营企业分为一组，展开分组深入交流，相互质询；然后各组推选代表企业，对全体参与实训学生做交流成果汇报。这是提升实训效果的重点学习内容。

5.2 教学导入

5.2.1 ERP沙盘模拟创业运营教学模式的内涵、意义

5.2.1.1 ERP沙盘模拟创业运营教学的内涵

企业资源计划（ERP）电子沙盘模拟课程是为学生模拟一个真实的企业运营过程，其中包含企业运营过程中的各个环节。学生分小组来经营一家模拟企业，小组内不同成员分别扮演各自的角色，不同小组之间展开激烈的商业竞争。

每个模拟创业企业中的成员依据自身的角色定位开展采购、生产、销售等模拟活动，各个小组之间也可以通过谈判来交换购买自身生产所不满足的订单需求。在模拟生产经营6~8个经营周期后，各个小组通过提交模拟经营实训报告的方式来总结实训成绩。指导教师根据ERP软件给出的各模拟创业企业的实际运营绩效，结合指导教师评分，给出各家模拟创业企业成员的实训成绩。

5.2.1.2 ERP沙盘模拟创业运营教学的意义

ERP沙盘模拟创业运营实训课程需要受训人灵活运用所学的理论知识来解决现实问题，该实训活动有助于培养学生的理论运用能力和综合实践能力。在模拟创业企业运营过程中，受训学生借助模拟创业企业平台来与其他受训小组之间展开激烈的"商战"，运用各种商业竞争策略来从众多的模拟创业企业中脱颖而出。

ERP沙盘模拟创业运营教学模式有助于提升受训学生的专业技能水平，激发学生的创业热情，培养学生的创新能力。

（1）可以促进学生的专业技能提升。高校课程教学对学生的教学内容几乎均为理论知识内容，如果不对这些理论知识内容加以实践教学，仅凭这些理论知识，学生依旧无法对自身学科的专业内容进行熟练掌握的。采用ERP沙盘模拟创业运营教学的最终目的就是要培育出具备高超专业知识的应用型人才，因而采用这一教学模式有利于提升学生的专业知识技能，从而为学生以后步入现实工作岗位时熟练运用自身所学到的学科知识打下良好的基础。

（2）有利于极大地提升学生的创业热情。2014年9月夏季达沃斯论坛上，李克强同志提出，要在960万km^2土地上掀起"大众创业""草根创业"的新浪潮，形成"万众创新""人人创新"的新势态。2018年9月18日，国务院下发《关于推动创新创业高质量发展打造"双创"升级版的意见》。在当前"大众创业、万众创新"的社会背景下，通过在高等教育中增强以"模拟创业经营"为主题的创业教育活动，有助于将学生从枯燥的课堂理论学习中走出来，将自身所学到的理论知识应用于模拟实训学习中。通过模拟

创业经营实训，学生可以在自主思考与实践的过程中感受到创业活动所带来的乐趣，增强受训学生在实现自我虚拟创业梦想后的满足感，激发学生在现实世界展开创业实践的兴趣。

（3）有利于培养学生的创新能力。模拟创业经营实训中涉及的知识理论较多且复杂，要求学生必须扩充和系统化归纳专业理论知识，提升沙盘模拟学习的效果，从而间接提升学生创新归纳知识能力。另外，沙盘模拟教学采用模拟"商战"竞争的方法，学生若想提升本企业的经营绩效，就必须想方设法来研究本企业的"商业战略"，以及竞争对手的"商业策略"，在"知己知彼"的基础上来增强本企业的综合竞争能力。

5.2.2 模拟创业企业的组织结构

合理的组织结构设计是保证企业正常运营的前置条件。模拟创业企业采取简约型式的企业组织结构，岗位角色设计主要包括总经理、财务经理、财务助理、生产经理、销售经理、物流经理、人力资源经理、商业情报经理等岗位。

模拟创业企业的组织结构如图5-1所示。

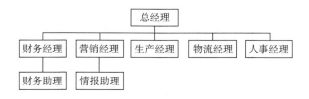

图 5-1 模拟创业企业的组织结构

为确保模拟创业企业的实训效果，按照"一人多岗"及"一人多岗"的原则来安排企业内部岗位的具体管理人员。

5.2.3 模拟创业企业的岗位安排

企业创建之初，任何一个企业都要建立与其企业类型相适合的组织机构。组织机构是保证企业正常运转的基本条件。在ERP沙盘模拟课程中，采用了简化企业组织机构的方式，企业组织由几个主要角色代表，包括：总经理、财务经理、营销经理、生产经理、物流经理、人事经理、财务助理、情报助理，如图5-2所示。考虑到企业业务职能部门的划分，原则上将受训人员按5人分为一组，编组为一家企业，每一位受训学生结合自身的兴趣和特点来担当各种角色。下面对每个角色的岗位职责做简单描述，以便于受训者根据自身情况来选择扮演相应角色。

（1）总经理。企业所有的重要决策均由总经理带领团队成员共同决定，如果企业内部存在意见分歧，则由总经理来做出最终决策，作为企业的总体战略和行动策略。

（2）财务经理与财务助理。企业中的财务与会计的职能存在显著差异，二者的岗位责任、工作内容和目标不同。会计主要负责日常现金收支管理，定期核查企业的经营状况，核算企业的经营成果，编制预算及对成本数据的分类和分析。财务的职责主要负责资金的筹集、管理；做好现金预算，管好、用好资金。在模拟创业企业实训过程中，处于财务经理岗位的受训学生主要职责是管理企业的现金流，按需求支付各项费用、核算成本，按时报送财务报表并做好财务分析；进行现金预算、采用经济有效的方式筹集资金，将资金成本控制到较低水平。

财务会计助理的职责主要是按企业的经营周期和会计核算周期来录入各项业务会计分录，编制明细账、总账及财务报表。

（3）营销经理。企业的利润是由销售收入带来的，实现销售是企业生存和发展的关键，销售经理在企业中具有"先锋官"的作用。

营销经理所担负的责任是：①开拓市场。企业在注册并开始运营后，会在区域市场上获取一定的市场份额。然后，企业以此为基础来开拓国内其他市场。作为一名营销经理，一方面要稳定企业现有的市场份额；另一方面要积极拓展新市场，争取更大的市场空间，有效扩张企业的生存空间。②营销管理。营销和收款是企业的主要经营业务之一，也是企业联系客户的关键业务环节。营销经理应结合市场预测及客户需求制定营销计划，根据企业产品特征和客户需求强度来选择相应的广告费投放策略，以确保客户订单与企业的生产能力相符合。企业营销经理需要与生产部门加强交流合作，确保生产计划排程能够执行下去，并且确保准时交货到客户手中。营销经理还需要加强客户关系管理工作，对订单的回款情况进行实时监督，确保营销款项能够准时到账。

在本次实训中，营销经理总监还可以兼任商业情报经理。营销经理可以借助开展营销业务之机，积极依法收集商业合作伙伴、竞争对手的商业情报，用于有针对性的制定营销策略。营销经理可以从如下方面来收集商业情报，例如，商业竞争者正在开拓哪些市场？尚未开拓哪些市场？商业竞争对手的市场份额是多少？他们在生产领域的竞争优势主要在哪些方面？在本企业的主打产品方面，竞争对手的产能规模是多少？通过深入地收集各类商业情报，有助于本企业充分掌握细分市场的特征，为有针对性地制定产品竞争策略提供帮助，增强企业的市场竞争能力和市场生存能力。

（4）生产经理。生产经理是企业决策的核心成员之一，是生产部门的主管领导，管理企业的全部生产经营活动，并对企业的一切生产活动及产品承担最终决策责任。生产经理的主要工作是制定生产计划并执行到位，负责全面监管企业的生产过程。生产经理需要结合市场需求信息和原材料采购信息等两方面的数据，结合企业当前的生产能力来安排具体的生产计划，并通过计划、组织、指挥和控制等管理职能来实现企业资源的最优化配置目标，为企业实现更高的利润目标奠定基础。

为实现利润最大化目标，生产经理需要制定并测算具体生产计划的成本与相应的收益，切实降低生产系统的运行成本，控制好单件产品的生产成本；结合市场需求来组织新产品研发，安排好生产投资计划，适时适度地扩充并改进生产设备，不断提升企业的规模化生产能力，为销售部门增加市场占有率提供有效的支持。

同时，生产记录还需要处理好与营销部门、采购部门之间的外部工作关系，确保生产计划的顺利落实，保持生产正常运行，保障对营销部门的及时交货。

（5）物流经理。采购是企业生产流程的开始，是企业全部经营活动的首要环节。物流经理负责编制并实施采购供应计划，分析各种物资供应渠道及市场供求变化情况，力求从价格上、质量上把好第一关，确保在合适的时间节点、采购合适的品种及数量的物资，为企业生产做好后勤保障。

同时，物流经理应当与生产经理保持良好的业务信息交换渠道，确保在满足生产计划排程有效执行的基础上来制定并实施采购计划，以有效避免因过量采购而造成不必要的资金占用，切实降低库存原材料占用资金成本。

（6）人事经理。人事经理主要负责企业人力资源部门的管理工作，具体工作内容是：计划、指导和协调机构的人事活动，确保人力资源合理利用，管理理赔、人事策略和招聘等。

在模拟创业运营实训中，人事经理的职责主要由总经理来兼任（图5-2）。

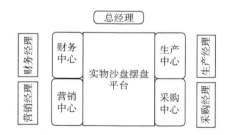

图 5-2　模拟创业经营沙盘布局

通过组建模拟创业经营团队，创业企业团队将领导企业未来的发展，在变化的市场中进行开拓，应对激烈的竞争。创业企业的管理团队正确决策的能力直接决定企业的运营绩效。为此，企业全体员工应当充分调动自己的知识储备，通过精诚合作的方式来制定全局最优决策，提升企业经营绩效。

5.2.4　初始经营参数设置

指导教师需要根据受训对象的人数和参与经营企业的数量来设置模拟创业经营市场的初始参数，以及模拟创业经营企业的初始经营参数。

5.2.4.1　市场初始参数设置

应收及应付账款、到期的银行贷款、各项管理费用、设备折旧费等均在每季度末由系统自动结算（表5-2）。

表 5-2 模拟创业经营市场的初始参数设置

项目	数值	说明
所得税率	25%	每季度初扣除上季度应交所得税
基本行政管理费用（万元/季）	10	每季度固定，在期末自动扣除
未交货订单处罚比例	20%	订单要求当季交货，未交货的按20%罚款，并取消订单
产品设计费用（万元）	10	未完成设计的产品将不允许在市场上销售
短期贷款单期最大额度（万元）	150	累计贷款不能超过上期末所有者权益
短期贷款利率	6%	短期贷款可随时向银行申请，利息在申请成功后一次性支付，三季度后期末自动还款；如一季度贷款，则在四季度末还款
紧急贷款利率	15%	在资金链断裂时，由系统自动产生，利息一次性支付，三季度后期末自动还款；如一季度贷款，则在四季度末还款
一季度账期应收账款贴现率	3%	可随时在财务部办理贴现
二季度账期应收账款贴现率	5%	可随时在财务部办理贴现

指导教师可以根据模拟创业经营市场的运作总体态势来对初始经营参数中的部分参数进行调整。例如，当模拟创业经营市场竞争加剧，亏损企业面扩大时，指导教师可以适度调低市场贷款利率水平，以释放流动性，刺激宏观经济，鼓励企业积极展开投资，达到活跃市场运行，强化实训方针对的效果。

5.2.4.2 企业初始参数设置

各家企业将接受投资股东的委托经营一家初创企业，并进入竞争激烈的快速消费品市场竞争。小组成员分别担任总经理、财务经理、营销经理、生产经理、人事经理等角色组成新企业的管理层。完成若干个季度的模拟企业经营。

每季度经营都有若干企业经营决策任务，这些任务涉及信息研究、产品研发、产品设计、渠道开发、市场营销、生产制造、配送交货等各个环节，各企业需要对每项任务进行分析讨论，最终形成企业的经营决策，并输入到计算机模拟系统中。

正式开始前，每个小组拥有相同的起点：一笔300万元的现金投资。各家企业将运用这笔资金，从初创企业开始经营。

5.2.5 试运营指导

企业总经理通过竞聘上岗，并组建团队后，指导教师可以宣布模拟创业经营沙盘实训正式开始。

为确保实训平台运行质量，指导教师需要带领学生完成试运营阶段的经营分析与决策工作，然后再交由学生进行自主决策。指导教师需要详细介绍模拟创业经营沙盘训练中的规则和注意事项。通过指导教师的指导，受训学生可以掌握沙盘运营的大概情况，但是仍然会在后续操作过程中暴露出各类问题。这就要求指导教师结合受训者在实际操作过程中暴露出来的个性化问题有针对性的解决。

对受训学生而言，在试运行周期内，受训学生的主要任务是磨合团队，进一步熟悉掌握并熟练运用经营规则，通晓企业运营的全流程。为避免出现指导教师在讲授时听得明白，但轮到受训学生实际操作却脑中一片空白的情况，指导教授可以指导学生通过制定企业预算的方式，促使学生切实牢记沙盘运行的基本规则、步骤和关键决策点信息，有效降低学生在正式运行中的失误率。

5.2.6 制定企业预算

创业模拟经营沙盘模拟企业的主要业务内容，主要涉及财务、会计、采购、生产、运输、销售等诸多方面。由于财务数据将企业的全部业务内容串联起来，故此，财务是企业经营过程中的枢纽性部门。财务预算管理是企业预算管理的一个分支，也是预算管理的核心部分。企业的预算是一个综合性的财务计划，包括经营预算、资本预算和财务预算。经营预算是对企业收入、费用和利润做出的预计；资本预算是对企业的资本性投资方案所进行的计划和评价；财务预算则是在经营预算和资本预算的基础上所做出的现金流量的安排，以及一定时期内的损益表和一定时期末的资产负债表的预计。

在制定具体的企业预算中，决策者需要把握如下4个要点。

（1）预算的时间。各经营周期的预算一定要提前编制，不可以边操作边预算，先预算后操作会让你及时发现经营过程中的失误，并及时做出调整。

（2）预算的周期。通常而言，企业的预算会贯连前后两个经营周期财务数据，涉及3个经营周期的统筹考虑，故此企业预算需要滚动制定，逐期实施。企业预算的核心指标是企业的现金流控制。为此，决策者需要测试各种备选方案所带来的现金流，以便于制定相应的经营策略。例如，发现当年权益下降，下年资金流紧张，甚至有破产危机时，便可选择在本年开始节约费用，减少固定成本投入。

（3）外部筹资预算。在制作战略经营方案时，企业决策层不仅要考虑企业内部资源，还应当考虑如何更好利用企业外部资源来提升经营绩效。企业在决定贷款时，应当采取短贷为主，长贷为辅的策略；若企业面临着长期融资困难，则需要提前筹划企业长期贷款增加短期贷款水平以缓解企业资金压力。季度短贷尽量以平均滚动短贷经营的贷款模式为优。

（4）测算企业各经营周期的所有者权益。企业各经营周期的所有者权益基本计算公式如下：

所有者权益 = 销售收入 − 成本 −（管理费 + 广告费 + 租金 + 区域市场开发费 + 销售网点建设费 + 损失）− 折旧 − 财务支出 − 所得税 + 上年的权益

财务经理可以在每个经营周期选完订单之后，计算本期的所有者权益，同时利用沙盘实训决策空闲时间，来编制下一期的企业预算，用来为下个经营周期的企业经营策略的制定提供依据。

5.3 决策分析

模拟创业企业经营实训具有显著的对抗性特点。若要在高强度竞争中取得经营佳绩，决策者需要展开战略布局，对企业的产品研发、厂房投资、生产线购买、市场开拓、质量认证及广告投放等决策事项做系统考量、全局规划、有序实施。

5.3.1 决策原则

模拟创业企业经营战略的设计需要遵循如下原则：

（1）全局最优原则。决策者需要从全局最优角度来考量，结合实训平台上的市场信息、全部竞争对手信息、企业自身财务绩效水平等因素，来设计模拟创业企业的经营战略方案。该方案还需考虑到战略实施的可行性。

（2）风险可控原则。企业经营是经济、技术与人结合的产物，财务上的不确定性就意味着风险的存在。决策者需要对既存风险采取措施，寻找一种稳健的方法来回避风险，保护企业利益。模拟创业经营决策的候选方案会存在执行难点，由此带来的经营风险或潜在风险会降低企业盈利的期望值。为此，决策者需要比较不同方案带来的所有者权益增量，选择相对风险水平较低的方案来实施。

（3）现金流稳健原则。现金流断裂风险是导致企业消亡的主要动因。企业决策上的现金流稳健性原则是决策者所采取的一种方法，以避免企业因现金流断裂而导致的经营失败问题。"不以规矩，不能成方圆"。企业决策者需要建立良好的内部管理制度，以有效监管企业经营风险，减少企业因内部信息不畅而造成的经济损失，提高企业决策的科学性、客观性和准确性。

（4）所有者权益最优化原则。企业决策者在选择备择方案时，最主要的依据是企业的所有者权益最优化指标。因此，任何方案都需要回答好本方案的所有者权益如何提升这一核心问题。

需要特别关注的是，企业的高毛利与高净利并不等价。企业决策者需要综合考虑企业的各项收支业务的合理性问题，有效控制现金流，通过开源节流来提升企业净资产收益率水平。

（5）重视发展能力原则。创业模拟经营沙盘的系统评分标准特别重视培育企业发展潜力，对于那些虽然不能带来当期收益，但却能有效提升企业未来收益水平的投资项目，电子沙盘内置的评分标准会给予丰厚的比赛积分奖励。此举有助于激励企业决策层考虑更为长远的投资项目，促进企业健康发展。

5.3.2 市场环境分析

指导教师首先引导受训学生仔细阅读"行业动态信息"报告。报告将提示：企业将有

7个市场区域可供选择，分别是：东北市场、华北市场、西北市场、西南市场、华东市场、华中市场、华南市场。

所有企业目前均具备相同的资源及新产品研发能力。每个企业产品都经由在这些区域设立的销售网点开展行销。

5.3.3 目标客户群分析和产品设计

在模拟创业经营中，可供各企业选择的目标消费群体主要包括3类，分别是：青少年群体、中老年群体、商务人士群体。在竞争初期，所有企业都具备针对青少年群体的产品生产技术。企业若想开展针对中老年群体、商务人士群体的产品销售，需要先投入费用和时间完成产品研发后才能进行设计生产并开展市场推广销售。

一般而言，不同类型的目标客户群体对产品价格的敏感程度和需求有着显著的区别。因此，各家企业需要针对不同类型的目标客户群体来制定差异化的产品设计策略，以便更好地让企业产品适应消费者的需求特征，提升市场满意度和企业的市场占有率。

5.3.3.1 青少年目标客户群

青少年目标客户群的特点是：追求时尚，个性张扬，喜欢新鲜事务；对产品的需求相对简单，更关注产品给个性带来的潮流感和满足感，如图5-3所示，横轴代表频率，纵轴代表产品功能特性。

图5-3是青少年目标客户群所关注的产品特性，数值越大的项目说明消费者越关注，数值越小的项目说明消费者关注的程度较低，但不表示不关注。

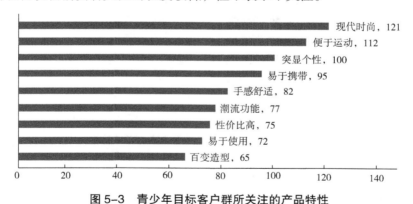

图5-3 青少年目标客户群所关注的产品特性

5.3.3.2 中老年目标客户群

中老年目标客户群的特点是：对产品价格比较敏感，价格是重要的参考要素之一，但是并不是绝对因素；更偏向经济实用且易于使用和维护的产品，如图5-4所示，横轴代表频率，纵轴代表产品功能特性。

图5-4是中老年目标客户群所关注的产品特性，数值越大的项目说明消费者越关注，数值越小的项目说明消费者关注的程度较低，但不表示不关注。

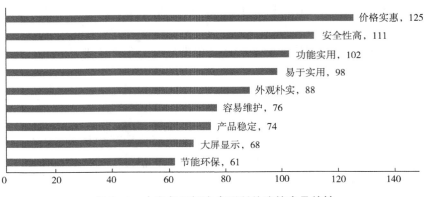

图 5-4 中老年目标客户群所关注的产品特性

5.3.3.3 商务人士目标客户群

商务人士目标客户群的特点是：很愿意为高端产品支付高价格；追求高性能的产品以满足商务需要，如图 5-5 所示，横轴代表频率，纵轴代表产品功能特性。

图 5-5 是商务人士目标客户群所关注的产品特性，数值越大的项目说明消费者越关注，数值越小的项目说明消费者关注的程度较低，但不表示不关注。

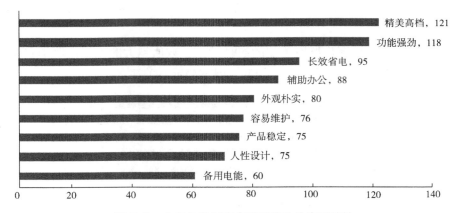

图 5-5 中老年目标客户群所关注的产品特性

各家企业需要结合各类群体消费习惯及关注点来设计出更符合消费者需求的产品，使产品适销对路。良好的产品设计与定位对提升产品的销量将有很大的帮助作用，反之则可能使产品滞销。

5.3.4 产品研发决策

在产品特性设计完成后，指导教师带领学生开展产品研发决策。关于企业产品研发，指导教师需要告知学生：每个季度均有一次研发投入的机会。除了以青少年为目标客户群的产品研发无需投入资金外，企业若想向中老年、商务人士目标客户销售商品，必须按表 5-3 所列规则投入产品研发经费。未完成研发的产品将不允许在市场上销售。

表 5-3 产品研发决策参数

目标群体	每期投入成本（万元）	目标总周期（季度）	目标总成本（万元）
青少年	0	无需开发	0
中老年	10	2	20
商务人士	10	3	30

考虑到企业在初始经营阶段的资金紧张问题，企业应当合理安排产品研发活动，以便在保障企业正常经营现金流不断裂的前提下，企业新产品研发工作的顺利进行。

5.3.5 市场资质认证决策

在模拟创业企业经营活动的后期中，部分市场对企业的资质有准入要求，不能达到要求的企业将无法进入这类市场。企业需要获取必要的 ISO9000、ISO14000 资质认证资格，方可从市场获取订单。为此，企业需要在经营活动前期，及早布局各类资质认证工作，以避免陷入因为缺乏必要资质而无法获得市场订单的窘境，见表 5-4 所列。

表 5-4 市场资质认证决策参数

认证	每期投入成本（万元）	目标总周期（季度）	目标总成本（万元）
ISO9000	20	二	40
ISO14000	20	三	60

在制定市场资质认证决策时，指导教师需要提醒受训学生，企业若在某一个决策期内的现金流存在短缺风险，可以暂停投资更高水平的资质认证经费，以确保企业首先能够在激烈的市场竞争中生存下来。

5.3.6 市场区域开发决策

对于未完成开发的市场区域，将不能参加该类区域在稍后进行的定价活动，不能设立下级销售网点，见表 5-5 所列。

表 5-5 市场区域开发决策

市场区域	每期投入（万元）	开发总周期（季度）	开发总成本（万元）
东北市场	10	二	20
华北市场	10	二	20
西北市场	10	三	30
西南市场	10	三	30
华东市场	10	一	10
华中市场	10	一	10
华南市场	10	一	10

在制定市场区域开发决策时，指导教师需要提醒受训学生，结合商业背景、市场情报等资料，分析各区域市场的潜在市场需求和市场容量，并结合竞争对手在细分市场内的资源投放量来判断各细分市场的竞争强度。各企业应当规避竞争过于激烈的细分市场，选择适度竞争的细分市场来做出投资开发决策。

5.3.7 销售网点建设决策

各企业在制定销售网点建设决策时，见表5-6所列需要注意如下要点：
（1）某些市场区域需要一定的开发周期，开发周期完成后方可设立销售网点。
（2）销售网点设置的数量，将影响特定产品在特定市场区域最终定购量的获取。
（3）销售网点不需要时可撤销，撤销当季需要支付网点的人力成本。

表5-6 销售网点建设决策

市场区域	目标群体	每个网点设立费用（元）	每个网点人力成本（元/季度）	每个网点销售能力（箱/季度）
东北市场	青少年	2000	2000	100
	中老年	2000	2000	100
	商务人士	2000	2000	100
华北市场	青少年	3000	3000	100
	中老年	3000	3000	100
	商务人士	3000	3000	100
西北市场	青少年	2000	2000	100
	中老年	2000	2000	100
	商务人士	2000	2000	100
西南市场	青少年	2000	2000	100
	中老年	2000	2000	100
	商务人士	2000	2000	100
华东市场	青少年	4000	4000	100
	中老年	4000	4000	100
	商务人士	4000	4000	100
华中市场	青少年	3000	3000	100
	中老年	3000	3000	100
	商务人士	3000	3000	100
华南市场	青少年	4000	4000	100
	中老年	4000	4000	100
	商务人士	4000	4000	100

各企业在制定销售网点建设决策时，应按如下步骤进行：①销售经理应查阅市场开发信息，根据各细分市场开发完成时间来反向决定网点设置时间节点。②生产经理需要汇报生产线安排情况，提供各期的产品品种、产量及库存量数据。销售经理根据产品品种、产能及库存信息来安排细分市场的销售网点设置方案，充分消化当期产品及库存。③生产经理根据企业远期生产线投资规模等相关信息来预期远期产品品种及产量；销售经理据此来预估远期销售网点建设所需资金量，并向总经理汇报，请求预留出足够现金满足未来的销售网点建设之需。

5.3.8 原材料采购决策

企业在做出原材料采购决策时，需要注意以下几点（表5-7）：

（1）原材料采购量等于本期生产耗用量加上本期期末原材料库存量，减去上期期末原材料库存量。公式如下：

本期原材料采购量 = 本期生产耗用量 + 本期期末原材料库存量 − 上期期末原材料库存量

（2）物流经理需要制作原材料采购预算并提交给总经理和财务经理；财务经理需要预留出原材料采购所需的现金，以避免现金流断裂风险。

表5-7 原材料采购决策

原料类别	购买价格（元/箱）	采购款应付账期（季度）	成品运输费（元/箱）
青少年	200	—	20
中老年	300	—	20
商务人士	400	—	20

5.3.9 厂房投资决策

企业在做出厂房投资决策时，需要明确如下投资决策规则（表5-8）：

（1）厂房可购买或租用，购买当期不折旧，第二期开始折旧；折旧方法为按直线法每期计提折旧。

（2）厂房可出售，出售前需先卖出厂房内的生产线，出售时价格为设备净值，出售当季要计提折旧。

表5-8 厂房投资决策

厂房类型	购买价（万元）	租用价（万元/季度）	季度折旧率	可容纳生产线
大型厂房	120	12	2%	4
中型厂房	80	8	2%	2
小型厂房	50	5	2%	1

关于厂房投资决策，企业决策者需要思考如下几个问题：

（1）企业是购买厂房更划算，还是租用厂房更划算？企业决策者需要计算出购买厂房和租用厂房对企业的未来现金流的影响结果，据此来做出是购买厂房还是租用厂房的决策。影响厂房投资决策的关键因素是资金成本。简单的判别规则是，如果企业的贷款利率高于厂房租金与厂房购买资金的比值，则购买厂房是划算的；如果企业的贷款利率低于厂房租金与厂房购买资金的比值，则租用厂房显然更划算。

（2）厂房投资决策对企业现金流的影响问题。厂房投资占用资金规模较大，如果决策不慎，会增加企业的现金流断裂的风险。考虑到企业初始现金流的稀缺性，企业若做出购买厂房的决策，会极大地限制企业可以用于购买生产线、原材料，投资产品研发、ISO 系列标准资质认证等方面的资金运用能力。为此，企业可以考虑在资金紧张情况下，先采取租用厂房策略，等待企业资金宽裕时，再用自有资金购置厂房。

5.3.10 生产线投资决策

在走出生产线投资决策时，需要明确如下要求（表 5-9）：

表 5-9 生产线投资决策

类型	目标群体	购买价格（万元）	季度折旧率	安装期（季度）	产能（箱）	加工费（元/箱）	变更费（万元）	变更期（季度）	维修费（万元/季）
柔性	任何群体	120	5%	—	2000	20	无	无	4
全自动	青少年	100	5%	—	1500	20	2	—	3
全自动	中老年	100	5%	—	1500	20	2	—	3
全自动	商务人士	100	5%	—	1500	20	2	—	3
半自动	青少年	80	5%	无	1000	20	1	—	2
半自动	中老年	80	5%	无	1000	20	1	—	2
半自动	商务人士	80	5%	无	1000	20	1	—	2
手工	任何群体	50	5%	无	500	20	无	无	1

（1）生产线只能购买，购买当期不折旧，第二期开始按直线法每期计提折旧。

（2）生产线可出售，出售时价格为设备净值，出售当季要计提折旧。

（3）生产线购买当期开始每期需要支付设备维修费。

（4）部分生产线购买后有一定安装期，安装期内不能生产，安装完成后方可投入生产。

（5）部分生产线只能生产特定一种产品，但可以通过变更设备以生产其他产品，变更需要一定时间与费用。

（6）所有生产线生产的产品都当期生产，当期下线。

生产线一共有 4 种，分别为手工线、半自动线、全自动线和柔性线。各种生产线各有优点，手工线的优势在于其变更费用为 0，变更周期为 0，购买价格及维修费都相对较低，所以企业决策者可以选择在创业初期使用手工线。

因为手工线和半自动线生产能力差，全自动和柔性线生产效率较高，故此决策者通常会在经营中后期选择全自动和柔性线。其中柔性线适合那些生产产品品种多样化的企业，这是因为柔性线的转产成本相对较低，没有变更期。而全自动线更适合那些规模化生产单一品种的企业，这是因为就单价而言，全自动线的单价较低，虽然转产不太灵活，但却能有效降低单位产品的生产成本，故而可以提升企业单位产品的贡献毛利水平。

所以在经营中要充分考虑各类生产线的优缺点，结合市场行情来酌情做出恰当的生产线决策。

5.3.11 流出现金流控制决策

企业的流出现金流控制决策需要注意研发资质认证费、市场开发费、厂房及生产线投资费、广告费、生产加工费、运输费、贴现支出等关键节点上的资金运用（表5-10）。

表5-10 关键节点的现金流控制

决策时间次序	收入及支出现金情况
每季季初	支付上季所得税
研发资质认证	支付产品研发费，支付资质认证费
调整销售渠道	支付网点开办费，支付市场开发费
调整厂房设备	支付购买厂房费用，支付购买生产线费用
安排生产任务	支付产品生产加工费
制定产品定价	支付品牌及广告投入费
产品配送运输	支付交货产品的运输费，收到零账期订单的现金
支付各项费用	支付产品设计费，支付行政管理费，支付销售网点维护费，支付生产线维修费，支付厂房租金，支付订单违约罚金
每季季末	支付到期的应付账款，收到到期的应收账款，归还到期贷款

5.4 经营战略决策

"凡事预则立，不预则废"。沙盘模拟仿真经营决策者要高屋建瓴地制定战略方针。将企业的现金流、厂房、生产线、产品研发、市场开拓、营业网点设计、资质认证及广告投放等做全局性规划，做到"未曾画竹，而已成竹在胸"。

创业模拟经营战略要从有利于企业整体发展的视角来展开。成功的企业有着共同之处，即用清晰科学的经营战略作为全局指针，并据此来形成具有本企业特色的产品战略、竞争战略、市场战略及资金运用战略。同时，模拟创业企业决策者需用战略思维来审视企业的经营活动，确保企业的经营战略与经营方案同步。

5.4.1 战略位置决策

竞争必有输赢，竞争地位也有优劣之分。在模拟经营沙盘竞争比赛中，处于不同竞争位置的企业应当结合自身资源特点和所处的战略位置来做出相应的战略选择，以巩固或提升企业总体竞争力。

5.4.1.1 领导者策略

选用领导者策略的企业战略目标是争夺行业老大地位，并利用本企业的行业龙头地位来获得市场垄断溢价。在具体策略实施过程中，企业决策者需要在启动创业活动时，就按照最大贷款能力来获取丰厚资金，用企业所筹措的资金来尽最大可能扩张生产能力，以求让企业在一开始就成为整个市场上生产能力最强、供货数量最多的企业。

通过扩张企业产能的方式来确保企业有足够多的存货支持其抢夺更多的市场订单，满足市场需求，从而夺得某一个细分市场上的垄断者地位。

领导者策略的运用要点有4点：

（1）企业决策者不能满足于既得市场利益，而应当以前期的所有者权益增加值来支持企业获得更多贷款，通过最优化融资策略的方式支持企业增加新的厂房和生产线，并推动企业的产品从低贡献毛利端向高贡献毛利端移动，逐步推动企业产品线的高端化。

（2）企业决策者要精通资本运作，懂得运用外部融资来扩张企业可以控制的总资本量。考虑到企业过高的贷款水平会增加企业的财务风险水平，企业财务经理需要安排专门的财务助理来精准测算企业的每一笔操作所带来的企业现金流变动量，精准控制企业的现金收支，以抵抗高强度的偿债压力，确保企业财务运作正常。

（3）企业决策者需要精准运用冗余资金做适度产能扩张。在每一期生产经营决策中，在满足现有产能和销售需求条件下，财务经理需要预留出确保企业正常运营所需的现金，多出的可被调度现金量即是企业可用于产能扩张的资金。根据从财务经理处获得可资调用的现金信息，结合市场经理提供的未来市场需求发展趋势预测信息，生产经理可决定在何种产品线上进行生产线投资的决策。

（4）企业决策者需要精准测算单位产品的生产成本。根据企业某种产品单位生产成本产能水平测算结果，结合某种产品的市场定价信息，决策者可以判断某种产品给企业带来的单位产品预期利润值。决策者可以对企业系列产品的单位预期利润值进行排序，及时淘汰掉处于单位产品预期利润值末位的产品，将该产品所占用的资源转移到可以带来更高单位预期利润值的产品的生产上，以便提升企业净资产收益率。

5.4.1.2 劣势企业策略

模拟创业企业经营沙盘实训过程中会出现各类风险事件，各创业公司的经营活动不会一帆风顺，经营过程中的突发事件会导致企业既定的战略执行存在偏差，使得企业陷入经营竞赛中的劣势地位。

劣势企业通常具有较强的生产能力扩张潜力,但是由于前期的资源配置策略出现问题,使得企业的经营性资产创造利益的能力不足,从而处于模拟创业经营竞赛中的弱势地位。另外,由于企业存量资产的利润生成能力不足,企业的净资产会在持续经营过程中逐步减少;净资产规模下降会同步降低企业的贷款能力,陷入维系生计的企业被迫延缓产品开发计划。为此,企业决策者需要精细化分析企业面临的市场态势,选择当前不被关注的、单位贡献毛利水平较高的产品作为企业下一步市场开发的主攻方向。选择好企业的未来目标细分市场后,企业需要做的是集聚资源,针对该类产品展开重点攻关,赶超在竞争对手之前研发出新产品或开发出新市场,出其不意地攻占那些被强势竞争对手忽视的薄弱市场。

执行该竞争策略的关键在于,劣势企业的财务经理需要竞争测算企业的现金流。因为劣势企业的现金流本身就十分紧张,既有生产能力与市场需求之间不匹配,使得企业难以产生增量现金流来满足企业的新产品研发或新市场开拓。若企业财务经理无法精准测算出当前的现金流,将会导致原本短缺的现金流出现断流的风险急剧增加,进而威胁到企业的生存。

若劣势企业的奇袭策略取得成功,将会在高端产品市场掌握竞争先机,从而帮助企业渡过难关,为取代领先企业提供新契机。

5.4.2 情报战略决策

创业模拟企业经营实训重点之一是锻炼受训者对 ERP 理解和操作能力。企业资源计划要求创业企业在资源受限条件下,选用恰当的经营策略来整合企业可利用的既有资源,以提升企业的总体竞争实力,进而提升企业的收益水平。

信息收集与信息处理能力是市场博弈的关键,是企业想策略、做方案的依据。商业情报需关注以下几点。

(1)产品信息收集。通过对产能的分析与汇总可以知道市场的供求关系,同时预估出该产品市场是否拥挤;广告竞争激烈与否,是企业广告投放以及产品经营思路转变的理论依据。若要掌握竞争对手的产能信息,需要情报助理关注关键竞争对手非常细微的经营策略选择。如在各经营周期期末,系统会公布各家企业的经营状态。此时,情报助理需要及时获取竞争对手在建工程及产品原材料的订单等数据,然后根据数据性质来提供给本企业的相关业务经理。各部门业务经理将据此来预测主要竞争对手在下一经营周期在生产线决策、产品决策方面的选择,从而避免本企业与关键竞争对手在同一个细分市场上的直接竞争对抗。

(2)现金信息收集。决策者可以通过系统提供的各公司的现金信息,并辅以相应的情报侦察工作,来探寻出其他竞争对手企业可资调度的现金量,进而判断出该企业有无新产品研发、新厂房投资、新生产线上马等影响整个市场竞争态势的新信息。

(3)固定资产信息收集。决策者需要充分了解竞争对手企业的固定资产总量信息、固定资产结构信息和固定资产变动信息。根据此类信息,决策者可以初步判断主要竞争对手企业的经营战略、细分市场选择,进而评估该竞争对手企业的总体竞争潜力。本企业决策者可以据此来选择本企业的战略方案,以便更好攻击竞争对手的弱点。

(4)所有者权益信息收集。权益是创业模拟经营最终成绩评定的关键点。决策者需要了解每支队伍的权益有利于对自身所处位置,如领导者、挑战者、跟随者、利基者等,并做出竞争态势评估。根据所有者权益信息,企业决策者可以确定本企业的有效竞争对手。此处的有效竞争对手并非指全部市场中最强的那一间企业,而是指领先于本企业且本企业在竞赛指定经营周期内有较高概率超过的那家企业。在明确企业的有效竞争对手后,企业总经理可以针对竞争对手不足之处来制定相应竞争战略。

5.4.3 生产战略决策

生产战略决策是全部沙盘实训活动的主体内容。决策者需要着重考虑以下3点。

(1)原材料的采购决策。"细节决定成败",订购原材料无疑就是决定成败的小细节。决策者可先安排生产计划,再根据生产计划决定原料订购计划,不断进行微调。为了尽可能地避免损失,决策者在定策略时需要首先确定下一期的生产计划,下原材料订单时采取预多不预少的原则,避免紧急采购带来的损失。

(2)生产线的安排。安排生产的难点主要在于柔性线的生产计划编排。在安排生产计划时,首先应将固定产能列出,然后用所接的订单数减去固定产能得出待完成的订单数,接着便是利用柔性线来完成待完成的订单数,从而按时按量交货。

(3)交货期的安排。在安排生产计划时应特别留意交货期的问题,交货期紧张的产品先排产,并安排在高等级生产线上;交货期比较宽松的产品可以后排产,并安排在如手工线等低等级生产线上。

创业企业可以根据企业经营特点做出具体的战略选择。以销定产战略系指企业决策者首先选择试图进入的目标市场,并根据目标市场需求来匹配制定相应的产品组合,再投入相应的生产线。考虑到不同细分市场都有着差异化的产品需要,如从第三经营周期开始,华东区域市场消费者更为偏好附带ISO9000认证的商务人士产品,那么企业需要着力在第三个经营周期开始前就完成附带ISO9000认证的商务人士产品的研发和相应的华东市场开拓。考虑到ISO9000认证投资和商务人士产品的研发需要耗费企业大量现金,为此企业需要提前筹备足够资金来确保这两项研发投入一次性完成;由于企业配套厂房和生产线改造需要与相应产品的生产周期相匹配,若提前完成生产线改造而无法按期投产,将会导致企业的既有产能闲置,从而影响到企业当期利润。

5.4.4 竞单战略决策

企业的市场分析与订单选择是直接影响创业模拟经营实效的关键业务环节。企业经营决策者需要在市场分析与选单方面考虑以下要点。

（1）分析竞争对手。企业总经理和销售经理需要着重分析企业的关键竞争对手的生产能力，据此来推测竞争对手的细分市场选择策略。在具体竞争策略选择上，企业可以采取"规避策略"，避开主要竞争对手占据更多市场份额的细分市场，转而在竞争对手不过分关注的细分市场投入更多资源，建立更多营销网点。

（2）计算企业供货能力。"知己知彼，百战不殆"，企业不仅需要掌握竞争对手的市场策略，还应当充分认知到本企业的经营实力。企业本期可以供应销售的产品包括两部分：一是生产线本年度生产出来的产品，二是来自上期库存。企业生产经理根据生产线作业排程情况和库存信息，向营销经理提供企业的供货能力。营销经理据此来制定细分市场选择策略，并完成相应的选单任务。

（3）零库存目标。企业的订单选择目标是实现"零库存"。在企业实际业务运营中，不以库存形式存在就可以免去仓库存货的一系列问题，如仓库建设、管理费用，存货维护、保管、装卸、搬运等费用，存货占用流动资金及库存物的老化、损失、变质等问题。企业追求"零库存"目标有助于企业减少库存占有资金所产生的资金成本；优化应收和应付账款；加快资金周转；规避市场的变化而产生的滞销风险等。但由于经营环境诸多不确定性因素的影响，企业仅可接近，无法完全实现"零库存"目标。

（4）分析选单决策关键要素。在做出选单决策时，企业营销经理需要考虑以下因素：交货期、账期、单价及单位盈利能力、数量。根据实训历史数据分析结果，可以对选单决策的四要素做出如下优先级排序：① P1：交货期；② P2：单价及贡献毛利；③ P3：数量；④ P4：账期。其中，交货期的优先级最高。若企业的生产经营现状决定无法按期交货，将支付货款的 15%~30% 的违约金。在保障交货期的前提下，企业销售经理方可针对不同类型产品的订单量和订单价格进行优化决策，以提升企业盈利水平。

另外，在分析订单单价时，销售经理不能拘泥于订单给定的单品价格，而应当结合"本量利"模型来测算该类产品的单位贡献毛利，选择企业能够供货的、单位贡献毛利水平更高的产品下单。

5.5 评价与总结

5.5.1 创业模拟经营成果评价

创业模拟经营竞赛的成果评价主要分为线上评分和线下评分两部分。线上评分由电子沙盘系统评分给出成绩；线下评分则由学生考勤评分、企业内部管理与企业文化建设评分两部分构成。

线上评分占受训者最终分数的 70%，线下评分占 30%。

5.5.1.1 线上经营综合表现评分

线上经营综合表现评分值由 4 部分构成，即财务表现、市场表现、投资表现、成长表现。基准分值为 100 分，各子项的评分值分别为财务表现占比 40%，市场表现占比 30%，投资表现占比 20%，成长表现占比 10%。计算公式为：

$$综合表现 = 财务表现 + 市场表现 + 投资表现 + 成长表现$$

所有企业的运营最终成绩可以用综合表现分数来表达，综合表现分数将采用平衡计分卡来评估。平衡计分卡通过对企业运营管理的财务、市场、管理、成长方面进行综合评价，比较各间企业在前述 4 个方面的相对表现，通过系统内部计算来给出各家评分值。

（1）财务表现。可以综合反映企业经营管理的效能，以及企业为企业主创造价值的能力。为全面反映企业经营情况，财务表现采取对企业的几个财务分析指标进行综合计分的方式计算出来。这 12 个财务分析指标涉及企业盈利能力、经营能力、偿债能力等系列方面的客观评分值。根据这些财务分析指标及相应的指标权重，可以计算出企业的财务综合评价分数。计算公式为：

$$财务表现 = \frac{本企业财务综合评价}{所有企业平均财务综合评价} \times 30$$

（2）市场表现。市场表现反映了企业产品的竞争力与营销有效性的能力。市场表现通过企业生产产品在市场上的销售情况来反映。对于拿到客户订单但最终未能按要求交货的部分，将从市场份额中去除掉，不计入市场表现成绩。计算公式为：

$$市场表现 = \frac{本企业累计已交付的订货量}{所有企业平均累计订货量} \times 30$$

（3）投资表现。投资表现是对企业未来业绩增长的评估。企业在做好短期盈利及提升市场占有率的同时，还要注重对企业长期发展的投资，这将直接关系到企业长远发展的生命力与竞争力。同时，这些注重长远发展的长期投资将会使企业短期资金与效益受到一定影响。如何寻求长短期发展的平衡。计算公式为：

$$投资表现 = \frac{本企业未来投资}{所有企业平均未来投资} \times 20$$

其中，未来投资的计算公式为：

$$未来投资 = \Sigma \frac{购买厂房投入}{购买时的季度数 \times 5} + 累计研发投入 + 累计认证投入 + 累计市场开发投入$$

（4）成长表现。成长表现主要评价企业的整体发展规模与销售增长情况，是衡量企业经营状况和市场占有能力、预测企业经营业务拓展趋势的重要标志。不断扩大的销售收入，也是企业生存发展获取盈利的基础。计算公式为：

$$成长表现 = \frac{本企业累计销售收入}{所有企业平均累计销售收入} \times 10$$

5.5.1.2 线下评分

线下评分包括企业内部管理与企业文化建设评分两部分。

（1）企业内部管理实训要求受训对象完成如下任务：一是编制公司内部管理制度，并严格执行公司内部管理制度；二是各公司对本公司员工进行考勤记录并打分。

指导教师组织学生成立工商管理局，对各公司的内部管理制度建立、健全水平进行评分，收集并统计学生考勤成绩，作为企业内部管理模块的评分值。

（2）企业文化建设评分主要考察受训者成立的公司企业文化和员工精神面貌。企业文化建设评分分成 4 个部分，即企业标识设计、企业员工面貌、企业文化宣传、企业卫生管理。指导老师带领学生组建企业文化建设检查组，对上述各项目做主观评分，汇总计算得出企业文化建设评分值。

指导老师按照线上评分占 70%，线下评分占 30% 的比例，计算出受训者的总分，作为评定该项实习的最终成绩。

5.5.2 创业模拟经营实训总结

指导教师及时精准地总结本章创业模拟经营实训成果，是实训教学活动的必要且重要组成部分，并完成实验报告，见本章附录 2。创业模拟经营实训总结会分成以下步骤进行：①指导教师首先应当要求各间虚拟公司排除代表，总结本公司的实训成果。②指导教师要求取得实训成绩排名最后的公司全体成员上台，各岗位负责人分别介绍本岗位的操作心得，找出问题。③指导教师安排实训成绩排名第一的公司全体成员上台，分岗位介绍本岗位的操作心得，分享成功经验。④指导教师对创业模拟经营实训活动做总结，指出优点，揭示实际操作中的典型问题，并给出改进建议。

附录1 实验教学大纲模板

一、课程的主要内容

《ERP沙盘实训》是会计学、财务管理专业课程的综合实践教学环节，涉及企业战略规划、市场预测、全面预算、财务运作、会计报表编制、采购管理、生产运营、营销策划等多学科理论知识和实践技能，是培养学生掌握和运用所学财务管理各模块知识的重要组成部分。通过本实践课程的学习，使学生熟悉企业财务管理、财务运营的全过程，为今后到企业从事相关工作打下良好基础。

二、实验

无

三、实习

一个班分成6个管理团队，用沙盘教学工具模拟各企业经营，互相竞争。各团队成员分别担任企业的重要职位：总裁、财务总监、运营总监、营销总监、采购总监等。

实践内容：

（1）参与企业的6年经营演练，身临其境地感受"三流合一"（物流、资金流、信息流的协同）。

（2）应用筹资策略、投资策略，进行资金流控制。

（3）分析市场投入的效益、市场战略、企业营销环境。

（4）计算各种产品的毛利率，制定产品研发、生产、销售的决策方案。

（5）在动态的企业经营演练环境中，进行会计核算、财务管理工作。

（6）熟悉销售订单、原材料采购、产品销售、生产、库存等物流管理的相互协调，以及产销排程和成本控制。

（7）身临其境地感受市场竞争的精彩与残酷，体验如何承担经营风险，理解复杂、抽象的经营管理理论，掌握管理技巧。

（8）体验企业岗位职能，加强相互沟通和团队协作的能力，培养作为企业管理者所必须具备的素质。

四、考核方式及成绩评定

考核方式：考查

成绩评定：

（1）沙盘模拟企业的经营业绩（70%）。

学生模拟实习结束后，应上交实习报告。教师根据学生模拟实习结果、操作表现和实习报告评定实习成绩。

（2）平时成绩（30%）。

推荐教材

《ERP 企业经营沙盘模拟学习指导书》

《企业管理 ERP 沙盘模拟教程》

大纲说明

一、本课程的性质和要求

（一）实训性质

沙盘模拟课程模拟了一个企业的环境和工作岗位，让体验者在游戏的参与中，落实所学专业课程，经历了一个从理论到实践再到理论的上升过程，把自己亲身经历的宝贵实践经验转化为全面的理论模型。参与者借助沙盘推演自己的企业经营管理思路，通过现场的案例分析及基于数据分析的企业诊断，磨练其商业决策敏感度，提升学生的决策能力及长期规划能力。

（二）实训要求

通过学员 6~8 周期的对虚拟企业的经营，从经营的感性认知时代，感知企业经营的本质，以及如何获得更大的利润，到理性认知阶段，战略性经营阶段，让学员懂得如何去经营企业，经营企业用什么样的指标对企业经营的业绩进行评价，在学习过程中，学员去体会人为管理的弊端，最终教导学员如何利用信息化这个工具去管理企业。

二、本课程的重点

沙盘模拟通过对企业经营管理的全方位展现，通过模拟体验，要求学生对专业知识的加深理解与应用。

（1）战略管理。成功的企业一定有着明确的企业战略，包括产品战略、市场战略、竞争战略及资金运用战略等。从最初的战略制订到最后的战略目标达成分析，经过几年的模拟，经历迷茫、挫折、探索，学员将学会用战略的眼光看待企业的业务和经营，保证业务与战略的一致，在未来的工作中更多地获取战略性成功而非机会性成功。

（2）营销管理。市场营销就是企业用价值不断来满足客户需求的过程。企业的所有行为、所有资源，无非是要满足客户的需求。模拟企业几年中的市场竞争对抗，学员将学会如何分析市场、关注竞争对手、把握消费者需求、制订营销战略、定位目标市场，制订并有效实施销售计划，最终达成企业战略目标。

（3）生产管理。在模拟中，把企业的采购管理、生产管理、质量管理统一纳入到生产管理领域，则新产品研发、物资采购、生产运作管理、品牌建设等问题背后的一系列决策问题就自然地呈现在学员面前，它跨越了专业分隔、部门壁垒。学员将充分运用所学知识、积极思考，在不断的成功与失败中获取新知。

（4）财务管理。在沙盘模拟过程中，团队成员将清晰掌握资产负债表、利润表的结构；掌握资本流转如何影响损益；解读企业经营的全局；预估长短期资金需求，以最佳方式筹资，控制融资成本，提高资金使用效率；理解现金流对企业经营的影响。

（5）人力资源管理。从岗位分工、职位定义、沟通协作、工作流程到绩效考评，沙盘模拟中每个团队经过初期组建、短暂磨合、逐渐形成团队默契，完全进入协作状态。在这个过程中，各自为战导致的效率低下、无效沟通引起的争论不休、职责不清导致的秩序混乱等情况，可以使学员深刻地理解局部最优不等于总体最优的道理，学会换位思考。明确只有在组织的全体成员有着共同愿景、朝着共同的绩效目标、遵守相应的工作规范、彼此信任和支持的氛围下，企业才能取得成功。

（6）基于信息管理的思维方式。通过沙盘模拟，使学员真切地体会到构建企业信息系统的紧迫性。企业信息系统如同飞行器上的仪表盘，能够时刻跟踪企业运行状况，对企业业务运行过程进行控制和监督，及时为企业管理者提供丰富的可用信息。通过沙盘信息化体验，学员可以感受到企业信息化的实施过程及关键点，从而合理规划企业信息管理系统，为企业信息化做好观念和能力上的铺垫。

三、本课程对作业、实验、实习及课程设计的要求

（1）本课程对作业的要求。学生集中实训期间必须完成实训报告的撰写，没提交实习报告的学生不能参与小组间沙盘经营竞赛，集中实训课无成绩。

（2）本课程对实验的要求。无。

（3）本课程对实习的要求。①硬件：100~200m² 教室、50~100 台联网计算机、投影设备、音响公放设备、10~30 组桌椅。②教具：沙盘模拟教具一套。③软件：沙盘模拟软件。④平台：学生训练平台、教师指导平台、管理员控制平台

四、本课程同其他课程的联系与分工

（1）先修课程。会计学原理、管理学、统计学、财务管理等。

（2）后续课程。无。

（3）联系与分工。本课程是现代管理科学与会计相结合的一门边缘性学科，而且侧重于为企业管理服务。所以其理论基础涉及财务会计和成本会计以及管理学理论，要有多种相关学科作为支撑。

五、学时分配

教学内容按18学时安排，各章讲课时数分配见附表5-1。

附表 5-1 学时分配表

章 序 及 内 容	学时分配
（1）熟悉企业运营规则	2
（2）第一运营周期实训及点评	2
（3）第二运营周期实训及点评	2
（4）第三运营周期实训及点评	2
（5）第四运营周期实训及点评	2
（6）第五运营周期实训及点评	1
（7）第六运营周期实训及点评	1
（8）第七运营周期实训及点评	2
（9）第八运营周期实训及点评	1
（10）本团队点评、交叉点评和老师点评	1
（11）总结实训心得，撰写实训报告	2
合　　计	18

六、其他说明

无

附录 2 实验报告模板

创业模拟经营实训报告封面模板

创业模拟经营实训报告

企业名称_____
班　　级_____
小　　组_____
CEO 姓名（学号）_____
CFO 姓名（学号）_____
CPO 姓名（学号）_____
CSO 姓名（学号）_____

提交日期　202　年　月　日

第零期经营记录

操作员：_____ 操作台编号：_____ 操作时间：_____

任务清单：

各经营周期期初（根据提示，完成部分打勾）：

（1）支付应付税款（根据上年度结果） ☐

（2）支付广告费 ☐

（3）登记销售订单 ☐

各经营周期任务清单：

（1）更新短期贷款、还本付息、申请短期贷款 ☐

（2）更新应付款、归还应付款 ☐

（3）更新原料订单、原材料入库 ☐

（4）原材料订单下达 ☐

（5）更新生产（完工品入库） ☐

（6）投资新生产线、生产线改造、变卖生产线 ☐

（7）启动下一批生产 ☐

（8）产品研发投资 ☐

（9）更新应收款（应收款收现、贴现） ☐

（10）交货 ☐

（11）支付行政管理费用 ☐

各经营周期期末：

（1）支付租金 ☐

（2）折旧 ☐

（3）新市场开拓投资 ☐

（4）ISO9000、ISO14000 资格认证投资 ☐

（5）编制资产负债表、利润表、现金流量表 ☐

（6）关账 ☐

第1~8期经营记录

操作员：_____ 操作台编号：_____ 操作时间：_____

第一经营周期订单记录见附表5-2所列：

附表5-2 订单记录表

项目	1	2	3	4	5	6	合计
市场							
产品名称							
账期							
交货期							
单价							
订单数量							
订单销售额							
成本							
毛利							

第一期综合管理费用明细表见附表5-3所列：

附表5-3 综合管理费用明细表　　　　　　　　　　元

项目	金额
行政管理费	
广告费	
设备维护费	
设备改造费	
租金	
产品研发	
市场开拓	
ISO认证	
其他费用支出	
合计	

创业模拟经营实训中的资产负债表是对企业常见损益表的简化,这是因为实训中的企业业务相对简单。第一经营周期资产负债见附表 5-4 所列。

附表 5-4　资产负债表　　　　　　　　　　　　　　　　　　　　　　　　元

资产	期初数	期末数	负债及所有者权益	期初数	期末数
流动资产:			负债:		
现金			短期负债		
应收账款			应付账款		
原材料			应交税金		
产成品			长期负债		
在制品			负债合计		
流动资产合计			所有者权益:		
固定资产			股东指标		
土地建筑原价			以前年度利润		
机器设备净值			当年净利润		
在建工程			所有者权益合计		
固定资产合计					
资产总计			负债与权益总计		

创业模拟经营实训中的损益表是对企业常见损益表的简化,这是因为实训中的企业业务相对简单。第一经营周期损益附表 5-5 所列。

附表 5-5　损益表　　　　　　　　　　　　　　　　　　　　　　　　元

项目	上期	本期
一、销售收入		
减:成本		
二、毛利		
减:综合费用		
折旧		
财务净损益		
三、营业利润		
加:营业外净收益		
四、利润总额		
减:所得税		
五、净利润		

创业模拟经营实训中的现金流量表是结合实训特点，对常见现金流量表的具体项目做适应性改变而编制的。考虑到虚拟仿真实训过程中，指导教师可以根据实训班级总体实训进度及效果，对实训参数做适度调整，例如，调整短期贷款周期、利率、贷款上限，再如，允许各企业之间开展产成品交易等业务。这就要求同步调整现金流量表的项目设置。企业第一经营周期的现金流量表（附表5-6）。

附表5-6　现金流量表　　　　　　　　　　　　元

项目	行次	金额
应收账款到期	1	
变卖生产线	2	
变卖原材料/产品	3	
变卖厂房	4	
短期贷款	5	
紧急贷款	6	
流入现金流总计	7	
支付上期应缴税金	8	
广告费	9	
贴现费用	10	
归还短期贷款本金/利息	11	
归还紧急贷款本金/利息	12	
原材料采购	13	
厂房购置费	14	
设备改造费	15	
生产线投资	16	
加工费	17	
产品研发费	18	
市场开拓费	19	
市场网点建设维护费	20	
ISO认证投资	21	
行政管理费	22	
其他	23	
流出现金流总计	24	
净现金流	25	

以上为第一经营周期需要手工填制的报表，其余各经营周期的报表可以复制使用。

实训岗位总结报告封面模板

创业模拟经营岗位总结报告

企业名称＿＿＿＿＿＿＿＿＿＿

班　　级＿＿＿＿＿＿＿＿＿＿

姓　　名＿＿＿＿＿＿＿＿＿＿

学　　号＿＿＿＿＿＿＿＿＿＿

第 6 章

创业生存与成长

本章提要：创业生存与成长是综合运用企业战略规划，为步入成熟期和衰退期企业的二次创业把脉，为企业持续发展谋划定位。本章围绕企业提供的产品或服务设计市场化要素，确保企业能在激烈的市场竞争中获得一席之地，并能长远发展。依据对企业所面临市场环境的分析，为企业产品或服务界定品类，并进行品牌符号系统的设计和品牌定位，找到最合适有效的方法开展品牌传播。

6.1 行业环境和SWOT分析

6.1.1 实训目的

（1）运用五力模型分析行业竞争状况。
（2）学会识别一个特定行业的关键成功因素。
（3）运用SWOT分析方法，分析企业所面临的市场营销环境。

6.1.2 实训安排

6.1.2.1 实训时间
工商管理专业，第10学期，一般为学期的第17~20周。

6.1.2.2 实训地点
学校多媒体教室、虚拟仿真实验室、图书馆。

6.1.2.3 实训组织
学生自由组合分组，7~10人一组，以团队方式共同完成项目实习。选取组长1名，按照组长负责组员、班长负责组长的方式层层落实管理责任和任务分解。

6.1.3 实训内容

学生以小组为单位，针对小组想要进入的行业和欲建立企业的经营范围，进行五力模型分析、行业关键成功因素分析，并在此基础上结合企业情况进行SWOT分析（本章附录1）。

6.2 产品确立和STP战略制定

6.2.1 实训目的

（1）加深对市场细分、目标市场选择和市场定位等基本概念与理论内涵的理解。
（2）掌握市场细分和市场定位的具体操作流程。
（3）培养学生结合企业实际情况和产品特点确定市场定位方法的能力。
（4）培养学生创新意识，通过STP战略策划实战演练，将理论知识转化为实际操作能力，提升学生的综合素质和整体技能。

6.2.2 实训安排

6.2.2.1 实训时间

工商管理专业,第 10 学期,一般为学期的第 17~20 周。

6.2.2.2 实训地点

学校多媒体教室、虚拟仿真实验室。

6.2.2.3 实训组织

学生自由组合分组,7~10 人一组,以团队方式共同完成实习项目。选取组长 1 名,按照组长对负责组员、班长负责组长的方式层层落实管理责任和任务分解。

6.2.3 实训内容

(1)确定企业的经营范围、产品组合。

(2)进行市场调研,并在市场调研的基础上,列举该公司需要考虑的市场细分依据,包括年龄、性别、收入、职业、家庭规模、民族、生活方式、社会阶层、购买行为模式等方面中的一个或几个方面。填写表 6–1。

(3)描述细分市场的顾客特征及需求特点。填写表 6–2。

(4)评估细分市场。填写表 6–3。

(5)选择目标市场并说明原因。填写表 6–4。

(6)根据调查结果填写目标市场特征分析表。填写表 6–5。

(7)结合企业实际情况,结合以上步骤所得成果,撰写出市场定位建议书(本章附录 2)。

表 6–1 选择细分依据(可根据实际情况自行添加表格)

细分依据(例)	划分等级或类别
年龄	
性别	

表6-2　细分市场的顾客特征及需求特点（可根据实际情况自行添加表格）

细分市场（名称）	顾客特征	需求特点及原因

表6-3　细分市场评估（可根据实际情况自行添加表格）

细分市场（名称）	市场规模和潜力	市场竞争状况

表6-4　确定目标市场并说明原因（选择一个可行性最高的细分市场进行分析）

表6-5　目标市场特征分析表（可根据实际情况自行添加表格）

1. 谁是我们的消费者？有何特点？（who）	
2. 现有的产品是否能满足消费者的需求？消费者还有哪些需求没有得到很好的满足？（what）	
3. 消费者购买产品的目的是什么？产品在哪些方面吸引消费者？（why）	
4. 消费者何时购买？购买周期是多久？（when）	
5. 消费者在哪里购买？消费者通过哪些渠道了解到产品的信息？（where）	
6. 消费者能够接收的价格范围？（how much）	

6.3 产品品类界定及品牌定位设计

6.3.1 实验目的

通过对我国文化背景和区域市场文化背景的分析，结合目标市场消费者的需求特征和竞争对手的品牌以及产品特征的分析，对企业经营的产品或服务进行品类界定。采用文献法、访谈法获取资料开展定性分析，锻炼提升学生资料搜集、整理、分析等方面的能力。根据品类竞争现状，结合品牌定位流程，采用头脑风暴法激发创意点，为品牌设计合适的定位，培养学生对定位理论的深入理解和定位方法应用能力。

6.3.2 实验安排

6.3.2.1 实验时间

第10学期，一般为学期的第17~20周。

6.3.2.2 实验地点

学校图书馆，各类工商企业，虚拟仿真实验室。

6.3.2.3 实验组织

学生自由组合分组，7~10人一组，以团队方式共同完成实习项目。选取组长1名，按照组长负责组员、班长负责组长的方式层层落实管理责任和任务分解。

6.3.3 实验准备

6.3.3.1 知识准备

（1）品类理论。
（2）品牌定位流程。
（3）市场细分理论。
（4）品牌定位方法（本章附录3）。

6.3.3.2 场地准备

图书馆数据资料的搜集可以网上下载电子资源，也可以是纸质书籍材料的阅读摘取跟实习主题相关的内容。工商企业的走访根据选择的产品类型采取灵活的方式完成调查地点的选择。头脑风暴可以在虚拟仿真实验室、教室或室外适合讨论的地点完成。

6.3.3.3 工具准备

个人计算机、手机、笔记本、笔，随时记录实地调查图片、文字、视频信息。后期采用个人计算机归类整理资料并完成实习内容的设计。

6.3.4 实验资料

具体可参考以下 5 本书中的相关章节：

唐十三，谭大千，郝启东，2007. 品类：基于 13 亿消费者心智研究的 13 条品类定律 [M]. 北京：企业管理出版社．

凯文·莱恩·凯勒，2014. 战略品牌管理 [M].4 版．北京：中国人民大学出版社．

周志民，2015. 品牌管理 [M].2 版．天津：南开大学出版社．

菲力浦·科特勒，加里·阿姆斯特朗，2017. 市场营销（第 1 版全球版）[M]. 北京：中国人民大学出版社．

张惠辛，2006. 品牌定位方法——面向中国市场的定位方法论 [M]. 上海：上海财经大学出版社．

6.3.5 实验要求

小组成员分工协作，每位学生都要参与到实质工作中来。小组成员对完成部分工作的内容能够较为系统、全面地传递给小组其他成员，从而能够将实习所需资料全面整合。最终小组成员需要在组长带领下开展集中讨论，集思广益，从而形成小组成员都认同的设计方案。

6.3.6 实验步骤

6.3.6.1 实习动员

明确实习内容、时间安排、小组分组、相关表格印制。第一，进行实习分组并确定小组组长。小组成员服从小组组长安排，小组组长统筹小组成员实习过程中的事项（小组成员分工）。小组组长将组员信息报送班长，由班长制作实习分组名单表递交实习指导老师。分组表可参考表 6-6。第二，实习指导老师讲解实习内容、实习进度安排及相关要求。该项目的实习进度可参考表 6-7 和表 6-8。第三，指导老师针对学生提出的问题进行解答，以确保学生领会实习内容、实习目标。

表 6-6　实习分组表及签到表

组号	组员名字	学号	联系电话	组长	签到处
第一组					
第 N 组					

表 6-7 教师实习进度安排

表 6-8 学生实习计划表

第　　组　实习计划表		
时　间	实习内容	实习地点
第 1 天	参加实习动员，知晓实习内容，小组实习分工，实习资料搜集整理	教室
第 2 天	企业环境分析分享	图书馆、虚拟仿真实验室
第 3 天	企业产品范围确定、STP 战略制定	虚拟仿真实验室
第 4 天	界定品类和品牌定位	虚拟仿真实验室
第 5 天	品牌符号系统设计	虚拟仿真实验室
第 6 天	品牌符号系统设计	虚拟仿真实验室
第 7 天	品牌广告设计	虚拟仿真实验室
第 8 天	品牌广告设计	虚拟仿真实验室
第 9 天	实习汇报内容制作	虚拟仿真实验室
第 10 天	实习成果汇报展示	教室

6.3.6.2 资料搜集

根据小组成员分工，由资料搜集人员利用数字图书馆等途径搜集二手资料，由实地走访人员获取工商企业走访的一手数据资料。所有资料搜集整理后，由搜集人员口头传递给其他成员。

6.3.6.3 头脑风暴讨论

确定头脑风暴主持人，所有小组成员围绕品牌定位各抒己见，最终形成共同认可的品牌定位。

6.3.6.4 制作汇报幻灯片

各小组分将实习成果制作成幻灯片，幻灯片中可以包含文字、图片、音频、视频等多样化要素，尽可能生动化展示实习成果，实习汇报幻灯片首页内容可参考图6-1。

茶诱惑 – 品类界定及品牌定位
组员及分工
幻灯片陈述人：　　陈　洪（20141252001）
资料搜集：　　李艳花（20141252003）　　赵　波（20141252053）
幻灯片制作：　　黄素素（20141252026）　　凌成朋（20141252033）
品牌定位创意：　　赵泓威（20141252055）　　邹　静（20141252007）
头脑风暴讨论主持人：　苏剑辉（20141252061）
企业走访：　　全体成员

图6-1　实习汇报PPT首页范例

6.3.6.5　实习报告撰写

（1）每位学生交一份实习报告（见范例）。

（2）实习报告内容为在实习过程中自己所承担工作部分的感受和体会。

（3）字数3000字左右。

（4）封面规范。

（5）A4纸要求打印。

实习报告封面范例

专业综合实习 × 实习报告

学　　号：_____

姓　　名：_____

专　　业：_____

年　　级：_____

指导老师：_____

20XX 年 X 月 X 日

6.3.6.6 实习汇报交流

各组完成实习成果汇报和答辩。确定汇报陈述人，陈述人可以是小组某个成员也可以是全体成员合作陈述的方式；陈述时间为 10~15 分钟。陈述完毕后回答指导老师或其他学生的提问，每组 5 分钟。指导老师根据学生陈述和回答问题情况打分，作为小组实习成绩的依据。打分表可参考表 6-9。

表 6-9 实习汇报打分表范例

组号	陈述人	组员名字	学号	小组分工	教师打分	教师评语
第一组						
第 N 组						

6.4 品牌符号系统设计实验

6.4.1 实验目的

品牌符号包括品牌名称、品牌标志、品牌口号、品牌角色、品牌传奇、品牌音乐、品牌包装等部分，其中品牌名称和品牌标志是必备符号。品牌的视觉识别符号的策划与设计自然要受到符号学、传播学、心理学、语言学、美学的指导和规范，同时还要符合品牌的整体营销战略和商业法规的许可。对于品牌运营者而言，除了要将品牌的文化和个性予以提炼和规划之外，更为重要的是将抽象的品牌文化和品牌个性通过创意设计转化为具象的识别符号。该实验在遵循品牌符号设计原理的基础上，通过文献资料查阅分析、市场环境调查分析、小组集中讨论等方式，设计一套完整的品牌符号系统。利用 Photoshop 软件或其他绘图软件或手绘的方式将品牌符号系统设计成成品，最终将品牌符号设计的理念和设计成果进行展示。本实验要求学生对品牌符号理论有全面的理解，并且要求学生有一定的创意思维，最终成果在独创、独特、新颖的同时具有一定的市场可行性，市场可接受性。

6.4.2 实验安排

6.4.2.1 实验时间

工商管理专业为第 10 学期，一般为学期的第 17~20 周。

6.4.2.2 实验地点

虚拟仿真实验室，多媒体教室，各类工商企业。

6.4.2.3 实验组织

学生自由组合分组，7~10 人一组，以团队方式共同完成实习项目。选取组长 1 名，按照组长负责组员、班长负责组长的方式层层落实管理责任和任务分解。

6.4.3 实验准备

6.4.3.1 知识准备

（1）品牌符号识别系统的构成。
（2）品牌符号识别系统设计原理。
（3）品牌名称设计流程。
（4）品牌标志设计技巧（本章附录 4、附录 5）。

6.4.3.2 场地准备

有网络、计算机、桌椅的教室。

6.4.3.3 工具准备

计算机、网络、笔记本、碳素笔、绘图笔、绘图纸、Photoshop 软件或其他绘图软件。

6.4.4 实验资料

阅读书籍中与品牌符号理论相关章节的内容，对品牌符号系统的构成、品牌符号设计的原理和流程有全面地了解。推荐阅读的主要文献如下：

凯文·莱恩·凯勒，2014. 战略品牌管理 [M]. 4 版. 北京：中国人民大学出版社.

周志民，2015. 品牌管理 [M]. 2 版. 天津：南开大学出版社.

尹燕，钱立权，高雪雯，2018. 标志设计 [M]. 北京：中国轻工业出版社.

伊万·谢梅耶夫，2014. 品牌标志设计：美国神话级设计公司景点商标设计法则 [M]. 黎名蔚，译. 北京：北京美术摄影出版社.

瞿颖健，曹茂鹏，2012. 专业色彩搭配手册：标志设计 [M]. 北京：印刷工业出版社.

曹天佑，2013.21 小时学通 PHOTOSHOP[M]. 北京：电子工业出版社.

龙马高新教育，2017. Photoshop CS6 从入门到精通 [M]. 北京：北京大学出版社.

6.4.5 实验要求

小组成员分工协作，每个学生都要参与到实质工作中来。小组成员需要在组长带领下开展集中讨论，集思广益，从而形成小组成员都认同的设计方案。

小组成员中有手绘能手学生可以采用手绘形式完成品牌符号设计，若没有需要借助绘图软件，小组长需安排 1~2 名成员提前学习绘图软件的使用。

6.4.6 实验过程 / 步骤

第一步：品牌符号识别系统要素选择。小组成员围绕产品和品类特征，已经品类品牌竞争环境状况，讨论在品牌名称和品牌标志两个基本要素之外选取的其他符号元素。

第二步：品牌名称设计。小组成员采用头脑风暴法给出各自设计出的品牌名称，整理品牌名称并甄选，小组成员投票选出排在前 3 位的品牌名称，将 3 个品牌名称做小范围市场调查，将得票率最高的名称确定为品牌名称。

第三步：品牌标志设计。结合品牌名称和品牌定位设计品牌标志。

第四步：其他品牌元素设计。

第五步：品牌符号设计成果幻灯片制作。

第六步：品牌符号设计成果展示。

6.5 品牌传播与推广设计

6.5.1 实验目的

"酒香也怕巷子深"。以品牌定位为基础，依据品牌识别体系，构建一套有效的品牌传播与推广方案，让品牌在品类中快速提升知名度，是本节实验的主要目的。品牌传播方式包括广告、销售促进、公关、人员推销、口碑等多种形式，广告是现代品牌传播最常用的手段之一，尤其以视频类广告传播最为常见。因此，本节实验要求学生能做到：①选择 1~2 种品牌传播方式，其中，视频广告形式为必选项；②设计有吸引力的广告传播文案；③制作独创的品牌传播视频广告。通过实验，学生能掌握和应用广告文案写作的技巧，会使用摄像机、视频剪辑工具、录音设施等制作一则完整的视频广告。

6.5.2 实验安排

6.5.2.1 实验时间
工商管理专业为第 10 学期，一般为学期的第 17~20 周。

6.5.2.2 实验地点
虚拟仿真实验室、根据广告拍摄需要选择的室内或户外景点。

6.5.2.3 实验组织
学生自由组合分组，7~10 人一组，以团队方式共同完成项目实习。选取组长 1 名，按照组长负责组员、班长负责组长的方式层层落实管理责任和任务分解。

6.5.3 实验准备

6.5.3.1 知识准备
（1）品牌传播方式。
（2）广告文案写作模式。
（3）视频广告制作方法。
（4）广告传播媒介的类型（本章附录 6）。

6.5.3.2 场地准备
有计算机、网络、办公桌椅的教室，拍摄广告的外景地或内景地，录音棚。

6.5.3.3 工具准备
计算机、网络、手机、笔记本、碳素笔、剪辑软件、办公软件、摄像机。拍摄广告所需要的素材，如麦克风、服装、道具等，根据各小组的需求自行准备。

6.5.4 实验资料

参看广告文案和广告脚本案例（本章附录 7）。

6.5.5 实验要求

（1）小组成员分工协作，每个学生都要参与到实质工作中来。

（2）小组分工明确到人，广告创意、文案写作、视频录制、录音、演员、剪辑、后勤服务等所有工作都由小组成员来担任和完成。

（3）录音棚需要借助外援资源，需要有小组的公关人员（后勤服务）负责录音棚的租借使用。

（4）由小组长负责对小组成员分工（一个成员可安排两项分工内容），并制作分工表，见表 6-10 所列，在实习过程中由小组长对各个成员完成分工任务的情况做记录，并提交给实习指导老师。

（5）学习爱剪辑视频软件并熟练操作。

表 6-10 小组成员分工表

小组名称：			
姓名	学号	分工	执行情况

6.5.6 实验过程/步骤

第一步：品牌传播与推广方式确定。小组成员依据已经设计好的产品品类，搜集品牌中其他品牌的传播手段信息，结合已经设计好的品牌定位和品牌识别符号系统，讨论适合品牌传播方式，甄选出 1~2 种品牌传播方式，既能达到品牌传播的目的，又能形成一定的传播特色，从而吸引消费者的注意。

第二步：小组成员共同讨论，确定广告创意。小组成员共同围绕自己的品牌，通过大量广告欣赏和对已有竞争品牌的广告内容分析，来设计自己品牌的广告内容，力求设计出真实、简明扼要、通俗易懂、有差异性、形象性和关联性的创意内容。

第三步：小组成员共同完成广告文案（广告脚本）。广告文案内容依据广告创意，由小组成员执笔，小组成员共同反复讨论、斟酌，形成广告文案和广告脚本终稿。可参考以下两种视频广告脚本格式（表 6-11、表 6-12）。

表 6-11 电影分镜头脚本式

镜头	画面	景别	时间	内容	音乐	唱词

表 6-12 简易三栏式脚本

画面	音乐	解说词

第四步：小组长进行小组分工，确定组员职责。广告制作过程中需要完成的任务进行肢解后，小组成员在协商的前提下进行分工，发挥各个组员的个人优势或特长，确保广告制作顺利完成。

第五步：广告拍摄和制作。以广告脚本为依据，拍摄视频，并对视频进行剪辑，广告时长控制在 1~5 分钟。

第六步：小组成员共同对广告提出修改意见，形成终稿视频广告。

第七步：广告媒体选择。依据产品、品牌特征，选择合适的媒介播放广告。

第八步：小组成果汇报。展示的内容主要是视频广告，并对广告创意进行简单介绍。广告媒介选择以及理由的阐述。

附录1 行业关键成功因素分析和SWOT分析方法

一、行业关键成功因素分析

（一）行业关键成功因素的内涵

行业的关键成功因素是指那些影响行业成员能否在市场上获得竞争优势的最重要的因素，是最能够影响行业成员成功的特定的战略要素。关键成功因素涉及每一个行业成员所必须擅长的方面，它们是取得行业成功的前提条件。

判断一个行业的关键成功因素可以通过回答以下3个问题得到：

（1）顾客在各个竞争性品牌之间进行挑选的条件是什么？

（2）行业中企业获取持久竞争优势的方法和措施是什么？

（3）行业中的企业必须拥有怎样的资源和竞争能力才能保证其竞争的成功性？

（二）几种常见的关键成功因素

（1）与技术相关的关键成功因素。如特定技术或科学研究的能力、产品革新能力、改进生产流程的能力等。

（2）与生产相关的关键成功因素。如获得规模经济和获取学习曲线效应的能力、质量控制诀窍、固定设备高利用率、能获得充足的技术劳动力、高劳动生产率、低成本产品设计和制造工艺、定制或装配产品的能力等。

（3）与销售相关的关键成功因素。如强大的批发/经销商网络、通过互联网和专卖店直销的能力、维持零售货架上较佳陈列位置的能力等。

（4）与市场相关的关键成功因素。如产品线和产品选择的嗅觉，广泛传播和良好形象的品牌，快速、正确的技术支持，礼貌、个性化的顾客服务，顾客需要的准确满足的能力，兑现服务承诺的能力，明智的广告策略等。

（5）与专业技能相关的关键成功因素。如有才能的劳动力队伍、设计方面的专有技能、卓越的信息系统、快速运送的能力等。

（6）其他相关的关键成功因素。如全面低成本、方便的地理位置、快捷周到的售后维修和服务能力、较强的融资能力等。

需要注意的是，不同行业的关键成功因素可能完全不同。

（三）行业关键成功因素评价矩阵

行业关键成功因素评价矩阵分析方法是通过对行业关键成功因素的评价分值比较，展示出行业内各竞争者之间相对竞争力量的强弱，所面临的机会与风险的大小，为企业制定经营战略提供一种用来识别本企业与竞争对手各自竞争优势、劣势的工具。建立行业关键成功因素评价矩阵可按以下步骤进行。

（1）由企业战略决策者识别行业中的关键成功因素。评价矩阵中一般要求3~15个关键成功因素。具体由战略决策者通过研究特定的行业环境与评价结论，针对与企业成功密切相关的要素达成共识。在分析中常见的关键成功因素有市场份额、产品组合度、规模经济性、价格优势、广告与促销效益、财务地位、管理水平、产品质量等。

（2）对每个关键成功因素确定一个适用于行业中所有竞争者分析的权重，以此表示该因素对于在行业中成功竞争的相对重要性程度。权重值的确定可以通过考察成功竞争者与不成功部分者的经营效果，从中得到启发。每一因素权重值的变化范围从0.0（最不重要）到1.0（最重要）；且各因素权重值之和应为1。

（3）对行业中各竞争者在每个关键成功因素上所表示的力量、相对强弱进行评价。评价的分数同城取为1、2、3、4。依此为1表示最弱，2表示较弱，3表示较强，4表示最强。评价中必须注意各分值的给定应尽可能以客观性的资料为依据，以便得到较科学的评价结论。

（4）将各关键成功要素的评估价值与相应的权重值相乘，得出各竞争者在相应成功因素上相对力量强弱的加权评价值。最后对每个竞争者在每个成功因素上所得的加权评价值进行加总，从而得到每个竞争者在各关键成功因素上力量相对强弱情况的综合加权评价值。这一数值的大小就揭示了各竞争者之间在总体力量上的相对强弱情况，见附表6-1所列。

附表6-1 行业关键战略要素评价矩阵

行业关键成功因素	权重	本企业		竞争者1		竞争者2	
		评价值	加权评价值	评价值	加权评价值	评价值	加权评价值
市场份额							
价格竞争							
财务地位							
产品质量							
用户信誉							
综合加权评价值							

二、行业竞争力结构分析

按照波特的观点，一个行业中的竞争，远不止在原有竞争对手中进行，而是存在着5种基本的竞争力量，它们是潜在竞争者、替代品威胁、购买商议价能力、供应商议价能力以及现有竞争者之间的竞争，如附图6-1所示。

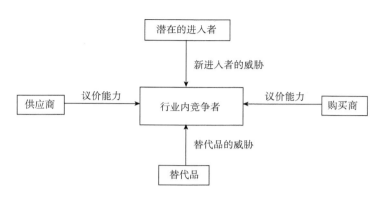

附图 6-1　波特的 5 种竞争力模型

这 5 种基本竞争力的状况及综合强度，决定着行业的竞争激烈程度，从而决定着行业中获利的最终潜力。在竞争激烈的行业中，不会有一家企业能获得惊人的收益。在竞争相对缓和的行业中，各企业普遍获得较高的收益。现将 5 种竞争力量分述如下。

（一）行业新加入者的威胁

这种威胁主要是由于新进入者加入行业，会带来生产能力的扩大，带来对市场占有率的要求，这必然引起与现有企业进行激烈竞争，使产品价格下降；另外，新加入者要获得资源进行生产，从而可能使得行业生产成本升高。这两方面都会导致行业的获利能力下降。新加入者威胁的状况取决于进入障碍和原有企业的反击程度。决定进入障碍的主要因素又包括：资金需求、规模经济、产品差异化及顾客的忠诚度、分销渠道、转换成本和其他优势等方面。

（二）行业内现有竞争者之间的竞争

现有竞争者之间采用的竞争手段主要有价格战、广告战、引进产品以及增加对消费者的服务和保修等。竞争的产生是由于一个或多个竞争者感受到了竞争的压力，或看到改善其地位的机会。如果一个企业的竞争行动对其对手有显著影响，就会招致报复或抵制。如果竞争行动和反击行动逐步升级，则行业中所有企业都可能遭受损失，使处境更糟。在如下情况下，现有企业之间的竞争会变得很激烈：有众多或势均力敌的竞争者、行业中的总体生产规模和能力大幅度提高、行业增长缓慢、行业的产品没有差别或没有行业转换成本、行业具有非常高的固定成本或库存成本、退出行业的障碍很大。

（三）替代产品的威胁

替代产品是指那些与本行业的产品有同样功能的其他产品。替代产品的价格如果比较低，它投入市场就会使本行业产品的价格上线只能处在较低的水平，这就限制了本行业的收益。替代产品的价格越是有吸引力，这种限制作用也就越牢固，对本行业构成的压力也就越大。正因为如此，本行业与生产替代产品的其他行业进行的竞争，常常需要本行业所有企业采取共同措施和集体行动。下述的替代产品情况会影响该行业：替代品在价格上的吸引力，替代品在质量、性能和其他一些重要属性方面的顾客满意程度，购买者转向替代品的转换成本等。

（四）购买商议价能力

购买商可能要求降低产品的价格，要求高质量的产品和更多的优质服务，其结果是使得行业的竞争者们互相竞争残杀，导致行业利润下降。在下列情况下，购买商们有较强的议价能力：购买商们相对集中并且大量购买、购买商的利润很低、购买的产品占购买商全部费用或全部购买量中很大的比重、购买商的行业转换成本低、从该行业购买的产品属标准化或无差别的产品、购买商掌握供应商的充分信息、销售者的产品对购买商的产品质量或服务无关紧要、购买商们有可能采用后向一体化。

（五）供应商议价的能力

供应商的威胁手段一是提高供应价格，二是降低供应产品或服务的质量，从而使下游行业利润下降。在下列情况下，供应商有较强的讨价还价能力：供应商行业由几家公司控制、无替代产品竞争、供应商所供应的行业无关紧要、供应商的产品是很重要的生产投入要素、供应商们的产品是有差别的、供应商对买主行业来说可构成前向一体化。

三、SWOT 分析

为了综合评价企业内外部环境要素对于企业战略的影响情况，以实现企业内外部环境要素的最佳配合，企业常常采用优势、劣势、机会、威胁分析，即对企业的内外部环境进行 SWOT 分析。SWOT 指的是优势（strength）、劣势（weakness）、机会（opportunity）和威胁（threat）。SWOT 分析法是一种用于检测公司运营与公司环境的工具。它能够帮助企业管理人员将精力集中在关键问题上。优势和劣势是企业的内部要素，机会与威胁则是企业的外部要素。

（一）SWOT 分析的基本原理

SWOT 分析是在对企业内外部条件等各方面内容进行综合和概括的基础上分析企业的优势、劣势和企业所面临的机会和威胁，以便找出企业目前所适合采用的战略类型的一种方法。

1.SWOT 分析的具体内容

（1）优势。是指一个企业超越其竞争对手的能力，或者指企业所特有的能提高企业竞争力的东西。例如，当两个企业处在同一市场或者说它们都有能力向同一顾客群体提供产品和服务时，如果其中一个企业有更高的盈利率或盈利潜力，那么，我们就认为这个企业比另外一个企业更具有优势。

优势可以是以下6个方面：①技术技能优势：独特的生产技术，低成本生产方法，领先的革新能力，雄厚的技术实力，完善的质量控制体系，丰富的营销经验，上乘的客户服务，卓越的大规模采购技能。②有形资产优势：先进的生产流水线，现代化车间和设备，拥有丰富的自然资源储存，吸引人的不动产地点，充足的资金，完备的资料信息。③无形资产优势：优秀的品牌形象，良好的商业信用，积极进取的公司文化。④人力资源优势：关键领域拥有专长的职员，积极上进的职员，很强的组织学习能力，丰富的经验。⑤组织体系优势：高质量的控制体系，完善的信息管理系统，忠诚的客户群，强大的融资能力。⑥竞争能力优势：产品开发周期短，强大的经销商网络，与供应商良好的伙伴关系，对市场环境变化的灵敏反应，市场份额的领导地位。

（2）劣势。是指某种企业缺少或做得不好的东西，或指某种会使企业处于劣势的条件。可能导致内部劣势的因素有：①缺乏具有竞争意义的技能技术。②缺乏有竞争力的有形资产、无形资产、人力资源、组织资产。③关键领域里的竞争能力正在丧失。

（3）机会。是指企业外部环境中任何对企业有利的因素。包括：①有利的政府政策。②客户群的扩大趋势或产品细分市场。③技能技术向新产品新业务转移，为更大客户群服务。④市场进入壁垒降低。⑤获得购并竞争对手的能力。⑥市场需求增长强劲，可快速扩张。⑦出现向其他地理区域扩张，扩大市场份额的机会。

（4）威胁。是指企业外部环境中的任何不利因素、趋势或变化。如：①出现将进入市场的强大的新竞争对手。②替代品抢占公司销售额。③主要产品市场增长率下降。④汇率和外贸政策的不利变动。⑤人口特征，社会消费方式的不利变动。⑥客户或供应商的谈判能力提高。⑦市场需求减少。⑧容易受到经济萧条和业务周期的冲击。

2.SWOT分析的战略类型

SWOT分析可以作为企业战略制定的一种方法，因为它为企业提供了4种可以选择的战略类型：SO战略、WO战略、ST战略、WT战略（附图6-2）。

战略	内部劣势（W）	内部优势（S）
	（1）…，… （2）…，… （3）…，…	（1）…，… （2）…，… （3）…，…
外部机会（O） （1）…，… （2）…，… （3）…，…	WO战略 （扭转型战略）	SO战略 （增长型战略）
威胁（T） （1）…，… （2）…，… （3）…，…	WT战略 （防御型战略）	ST战略 （多种经营战略）

附图6-2　SWOT分析图

（1）优势-机会（SO）战略是一种发展企业内部优势与利用外部机会的战略，是一种理想的战略模式。当企业具有特定方面的优势，而外部环境又为发挥这种优势提供有利机会时，可以采取该战略。例如，良好的产品市场前景、供应商规模扩大和竞争对手有财务危机等外部条件，配以企业市场份额提高等内在优势可成为企业收购竞争对手、扩大生产规模的有利条件。

（2）劣势-机会（WO）战略是利用外部机会来弥补内部弱点，使企业改劣势而获取优势的战略。存在外部机会，但由于企业存在一些内部弱点而妨碍其利用机会，可采取措施先克服这些弱点。例如，若企业弱点是原材料供应不足和生产能力不够，从成本角度看，前者会导致开工不足、生产能力闲置、单位成本上升，而加班加点会导致一些附加费用。在产品市场前景看好的前提下，企业可利用供应商扩大规模、新技术设备降价、竞争对手财务危机等机会，实现纵向整合战略，重构企业价值链，以保证原材料供应，同时可考虑购置生产线来克服生产能力不足及设备老化等缺点。通过克服这些弱点，企业可能进一步利用各种外部机会，降低成本，取得成本优势，最终赢得竞争优势。

（3）优势-威胁（ST）战略是指企业利用自身优势，回避或减轻外部威胁所造成的影响。如竞争对手利用新技术大幅度降低成本，给企业很大成本压力；同时材料供应紧张，其价格可能上涨；消费者要求大幅度提高产品质量；企业还要支付高额环保成本等，这些都会导致企业成本状况进一步恶化，使之在竞争中处于非常不利的地位，但若企业拥有充足的现金、熟练的技术工人和较强的产品开发能力，便可利用这些优势开发新工艺，简化生产工艺过程，提高原材料利用率，从而降低材料消耗和生产成本。另外，开发新技术产品也是企业可选择的战略。新技术、新材料和新工艺的开发与应用是最具潜力的成本降低措施，同时它可以提高产品质量，从而回避外部威胁影响。

（4）劣势-威胁（WT）战略是一种旨在减少内部弱点，回避外部环境威胁的防御性技术。当企业存在内忧外患时，往往面临生存危机，降低成本也许成为改变劣势的主要措施。例如，当企业成本状况恶化，原材料供应不足，生产能力不够，无法实现规模效益，且设备老化，使企业在成本方面难以有大作为，这时将迫使企业采取目标聚集战略或差异化战略，以回避成本方面的劣势，并回避成本原因带来的威胁。

（二）成功应用SWOT分析法的基本规则

（1）进行SWOT分析时，必须对公司的优势与劣势有客观的认识。

（2）进行SWOT分析时，必须考虑全面。

（3）进行SWOT分析时，必须与竞争对手进行比较，如优于或是劣于自身的竞争对手。

（4）进行SWOT分析时，注意简洁化，避免复杂化与过度分析。

（5）最终SWOT分析法因人而异。

附录2 STP战略基础理论

企业的一切活动要以市场为中心。然而，任何市场的众多购买者在很多方面都各不相同，如需要、习惯、欲望、购买态度、购买行为等。由于每个企业的资源是有限的，所以，单个的企业都不太可能为纷繁复杂的市场提供全面的产品，每个企业都只是在为，也只能为部分顾客提供产品和服务。因此，企业需要将大而庞杂的市场划分为小的细分市场，从潜在的顾客中发现、辨认出最有价值，并能为其创造最有效的产品或服务的那一部分作为目标市场，并在目标市场为企业、品牌和产品、服务树立自身特色，具有十分重要的战略意义，也是企业制定具体营销战略的基本出发点。

一、市场细分

（一）市场细分的含义

所谓市场细分，就是企业的管理者根据不同的细分依据，遵循一定的细分原则，把整个市场分为若干子市场的过程，其中任何一个子市场都是一个有着相似的欲望和需要的顾客或消费者群体。实际上就是在观念上对需求进行梳理、分类，一个细分市场就是一个需求偏好大体接近的顾客或消费群体。

（二）市场细分的依据

1. 细分消费者市场的依据

随着市场细分理论在企业营销中的普遍应用，消费者市场细分依据可归纳为四大类：地理环境因素、人口因素、消费者心理因素和消费行为因素。这些因素有些相对稳定，多数则处于变化中。消费者市场细分变数见附表6-2所列。

附表6-2 消费者市场细分变量

细分标准	细分变量
地理细分	地理区域、气候、地形、城市规模等
人口细分	年龄、性别、婚育状况、职业、收入、家庭规模、家庭生活周期、受教育程度、民族、宗教信仰等
心理细分	社会阶层、生活方式、个性特点等
行为细分	购买时机、数量、购买阶段、品牌忠诚度、追求利益、态度等

2. 细分生产者市场的依据

生产者市场或企业市场，也可依据用户所在的区域、追求的利益、使用者情况、使用率、品牌忠诚度、购买准备和态度等因素进行市场细分（附表6-3）。

附表 6-3　生产者细分变量

细分标准	细分变量
地理环境	自然资源、气候条件、社会环境、企业地理位置、生产力布局、交通运输
用户状况	年龄、性别、婚育状况、职业、收入、家庭规模、家庭生活周期、受教育程度、民族、宗教信仰等
需求特点	社会阶层、生活方式、个性特点等
购买行为	购买时机、数量、购买阶段、品牌忠诚度、追求利益、态度等

（三）市场细分的原则

（1）可衡量性。表明该细分市场特征的有关数据资料必须能够加以衡量和推算。如细分市场的规模、购买力和基本情况等是可以衡量的。但是，对于企业来说，也难免有一些因素是衡量不了的，那么，就不能将这些不可衡量的因素作为细分依据。

（2）可实现性。是否具有可实现性，即企业所选择的目标市场是否易于进入，根据企业的人、财、物和技术等资源条件能否通过适当的营销组合策略占领目标市场。细分市场应该是企业能够接近并提供产品或服务的。

（3）可盈利性。即所选择的细分市场应该具有能够盈利的潜力，能使企业赢得长期稳定的利润。

（4）可区分性。指细分市场在观念上能被区别并对不同的营销组合因素和方案有不同的反应。

（四）市场细分的方法

市场细分的方法一般分为以下 3 种。

（1）单一因素法。即选用一个因素进行市场细分。这个因素必须是对需求产生影响最大的，如基于年龄要素考虑儿童玩具的市场细分。

（2）综合因素法。综合因素法是指采用两个或两个以上的因素同时多角度进行市场细分，如依据收入水平、家庭规模和年龄等细分轿车市场。

（3）系列因素法。系列因素法也是依据两个或两个以上的因素进行市场细分，但是按照一定的顺序逐次进行的。细分的过程也是比较、选择目标市场的过程，下一阶段的细分在上一阶段选定的细分市场中进行。

二、目标市场决策

（一）目标市场评估及市场覆盖模式

1. 目标市场评估

一个细分市场是否适合作为目标市场，一般要结合以下方面进行评估。

（1）细分市场规模和增长率。主要评估特定的细分市场是否具有适当的规模和增长率，"适当的规模"是一个相对概念，由于企业规模或企业整体战略的差异，有些大型企业可能更倾向于市场规模更大的细分市场、对规模较小的细分市场不感兴趣；有些小型、小微型企业则可能会刻意避开较大规模的细分市场。除了市场规模，细分市场的增长率也是一个重要因素。所有的企业都希望目标市场的销售量和利润能够持续上升。当然，竞争者的进入会使目标市场的利润率下降。

（2）细分市场的结构吸引力。一个具有适当规模和增长率的细分市场，也有可能缺乏盈利潜力。如果许多势均力敌的竞争者同时进入一个细分市场，或者说，在某个细分市场中存在很多颇具实力的竞争企业时，尤其是该细分市场已趋于饱和或萎缩时，则该细分市场的吸引力就会下降。潜在进入者既包括在其他细分市场的同行，也包括那些目前不在该行业经营的企业。如果该细分市场的进入障碍较低，该细分市场的吸引力也会下降。替代品从某种意义上限制了该细分市场的潜在收益。替代品的价格越有吸引力，该细分市场增加盈利的可能性就被限制得越紧，从而使该细分市场吸引力下降。购买者和供应者对细分市场的影响，表现在他们的议价能力上。购买者的压价能力强，或者供应商有能力提高价格或降低所供产品的质量、服务，那么该细分市场的吸引力就下降。

（3）企业目标与资源。选择目标市场除了满足评估上述两方面，企业还要考虑自身的目标与拥有的资源。某些有吸引力的细分市场，如果不适合企业的长期目标，也只能放弃。对一些适合企业目标的细分市场，必须考虑是否具有在该市场获得成功所需的公众资源和营销能力等条件。

2. 市场覆盖模式

企业有 5 种可供参考的市场覆盖模式，如附图 6-3 所示。

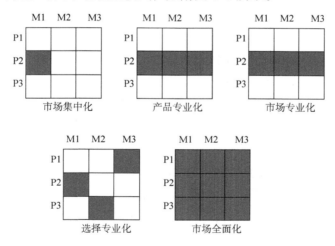

附图 6-3 目标市场选择的 5 种模式

（1）市场集中化。这是一种最简单的目标市场模式。企业选取一个细分市场，生产一种产品，供应单一的顾客群，进行集中营销。选择市场集中模式一般基于以下考虑：企业具备在该细分市场从事专业化经营或取得目标利益的优势条件；限于资金、能力，只能经营一个细分市场；该细分市场中没有竞争对手；准备以此为出发点，取得成功后向更多的细分市场扩展。

（2）产品专业化。指企业集中生产一种产品，并向各类顾客销售这种产品。产品专业化模式的优点是企业专注于某一种或某一类产品的生产，有利于形成和发展生产和技术上的优势，在该领域树立形象。其局限性是当该领域被一种全新的技术或产品所替代时，产品销售量可能会因此而大幅度地下降。

（3）市场专业化。指企业专门经营满足某一顾客群体需要的各种产品。如某一企业专门为老年消费者提供服装、鞋、保健品等各类产品。市场专业化经营的产品类型众多，能有效地分散经营风险，但由于集中于某一类顾客，当这类顾客的需求下降时，企业也会遇到收益下降的风险。

（4）选择专业化。指企业选取若干个具有良好的盈利潜力和结构吸引力，且符合企业目标和资源的细分市场作为目标市场，其中每个细分市场与其他细分市场之间较少联系。选择专业化的优点是可以有效地分散经营风险，即使某个细分市场盈利情况不佳，仍可在其他细分市场取得盈利。采用选择专业化模式的企业应具有较强的资源和营销实力。

（5）市场全面化。指企业生产多种产品去满足各种顾客群体的需要。一般来说，实力雄厚的大型企业在一定阶段会选用这种模式，以求收到良好效果。但由于集中于某一类顾客，即使在某个细分市场盈利情况不佳，仍可在其他细分市场取得盈利。

（二）目标市场战略与选择

1. 目标市场战略

（1）无差异市场营销战略。指企业把整体市场看作一个大目标市场，用一种产品、统一的市场营销组合对待整体市场。实行无差异市场营销战略的企业一般是基于以下两种不同的知道思想。一种思想是从传统的产品观念出发，强调需求的共性，漠视需求的差异，因此企业为整体市场生产标准化产品，实行无差异的市场营销战略；另一种思想是企业经过市场调查，发现某些特定产品的需求大致相同或差异较小，如食盐，因此可以采用大致相同的市场营销策略。

采用无差异市场营销战略的最大优点是成本的经济性。大批量的生产、销售，必然降低产品的单位成本；无差异的广告宣传可以减少促销费用；不进行市场细分，相应减少了市场调研、产品研制与开发以及制定各种市场营销战略、战术方案等带来的成本开支。但是，无差异市场营销战略对市场上对大多数产品是不适宜的，因为消费者的需求偏好是极其复杂的。

（2）差异市场营销战略。指企业把整体市场划分为若干需求与愿望大致相同的细分市场，然后根据企业的资源及营销实力，分别为各个细分市场制定不同的市场营销组合。或者说，企业多个营销组合共同发展，不同的营销组合服务于不同的细分市场。

采用差异市场营销战略的最大优点是有针对性地满足具有不同特征的顾客群，提供产品的竞争能力。但是，这种战略也会由于产品品种、销售渠道、广告宣传的扩大化与多样化，致使企业承担较高的市场营销费用。

（3）集中市场营销战略。指企业将整体市场分割为若干细分市场后，只选择其中一个或少数几个细分市场为目标市场，开发相应的市场营销组合，实行集中营销。其指导思想是把人、财、物等资源集中使用，不求在较多的细分市场组成的目标市场上占有较小份额，而要在少数或较小的目标市场上得到较大的市场份额。

集中市场营销战略适合资源较少的小企业，该战略的不足是经营者承担风险较大。如果目标市场突然发生变化，目标消费者的兴趣突然转变，或是市场上出现了强有力的竞争对手，企业就可能陷入困境。

2. 目标市场战略的选择

企业在评估细分市场和选择目标市场之后，还要根据下面的因素决定目标市场营销战略的选择。

（1）企业能力。指企业生产、技术、销售、管理和资金等方面力量的综合。如果企业力量雄厚，且市场营销管理能力较强，即可选择差异市场营销战略或无差异市场营销战略。如果企业能力有限，则适合选择集中市场营销战略。

（2）产品同质性。同质性产品主要表现在一些未加工的初级产品上，如水力、电力、石油等，虽然产品在品质上或多或少存在差异，但用户一般不加区分或难以区分。因此，同质性产品竞争主要表现在价格和提供的服务水平上。该类产品适用于采用无差异市场营销战略。而对服装、家电、食品等异质性需求产品，可根据企业资源，采用差异市场营销战略或集中市场营销战略。

（3）产品生命周期阶段。新产品上市往往以较单一的产品探测市场需求，产品价格和销售渠道基本上单一化，因此新产品在引入阶段可采用无差异市场营销战略。产品进入成长或成熟阶段，竞争家具，同类产品增加，再用无差异市场营销战略就难以奏效，所以需改为差异市场营销战略或集中市场营销战略。

（4）市场的类同性。如果某产品市场上顾客的需求、偏好较为接近，对市场营销刺激的反应差异不大，可采用无差异市场营销战略；否则，应采用差异市场营销战略或集中市场营销战略。

（5）竞争者战略。如果竞争对手采用无差异市场营销战略，企业选择差异或集中市场营销战略则有利于开拓市场，提高竞争能力。如果竞争对手已采用差异市场营销战略，则不应采用无差异市场营销战略与其竞争，科研选择对等的或更深层次的市场细分战略或集中市场营销战略。

三、市场定位

市场定位（marketing positioning），也被称为产品定位或竞争性定位，是根据竞争者现有产品在细分市场上所处的地位和顾客对产品某些属性的重视程度，塑造出本企业产品与众不同的鲜明个性或形象并传递给目标顾客，使产品在细分市场上占有强有力的竞争位置。

（一）市场定位的方式

市场定位作为一种竞争战略，显示了产品或企业同类似产品或企业之间的竞争关系。定位方式不同，竞争态势也不同。下面分析3种主要定位方式。

（1）避强定位。这是一种避开强有力的竞争对手的市场定位。优点是能够迅速地在市场上站稳脚跟，并能在消费者或用户心目中迅速树立起一种形象。由于这种定位方式市场风险较小，成功率较高，常常为多数企业所采用。

（2）迎头定位。这是一种与在市场上占据支配地位的也即最强的竞争对手"对着干"的定位方式。显然，这种定位有时会产生危险，但不少企业认为能够激励自己奋发上进，一旦成功就会取得巨大的市场优势。例如，在碳酸饮料市场上，可口可乐与百事可乐之间持续不断的竞争；在轿车市场上，奔驰和宝马的百年抗衡等。实行对抗性定位，必须知己知彼，尤其应清醒地评估自己的实力，不一定试图压垮对方，只要能够平分秋色就是巨大的成功。

（3）重新定位。是指对销路少、市场反应差的产品进行二次定位。这种重新定位旨在摆脱困境，重新获得增长与活力。

市场定位应与产品差异化结合起来。如上所述，定位更多地表现在心理特征方面，它使潜在的消费者或用户对一种产品形成了特定的观念和态度。产品差异化是在类似产品之间造成区别的一种战略，因而产品差异化是实现市场定位目标的一种手段。

（二）市场定位的步骤

市场定位通过识别潜在竞争优势、企业核心竞争优势定位和制定发挥核心竞争优势的战略3个步骤实现。

（1）识别潜在竞争优势。这是市场定位的基础。通常企业的竞争优势表现在两方面：成本优势和产品差异化优势。成本优势是企业能够以比竞争者低廉的价格销售相同质量的产品，或以相同的价格水平销售更高一级质量水平的产品。产品差异化优势是指产品独具特色的功能和利益与顾客需求相适应的优势，即企业能向市场提供在质量、功能、品种、规格、外观等方面比竞争者更好的产品。为实现此目标，企业首先必须进行规范的市场研究，切实了解目标市场需求特点以及这些需求被满足的程度，这是能否取得竞争优势、实现产品差异化的关键。其次要研究主要竞争者的优势和劣势。可从3个方面评估竞争者：一是竞争者的业务经营情况，如近三年的销售额、利润率、市场份额、投资收益率等；二是竞争者核心营销能力，主要包括产品质量和服务质量的水平等；三是竞争者的财务能力，包括获利能力、资金周转能力、偿还债务能力等。

（2）企业核心竞争优势定位。核心竞争优势是与主要竞争对手相比，企业在产品开发、服务质量、销售渠道、品牌知名度等方面所具有的可获取明显差别利益的优势。应把企业的全部营销活动加以分类，并将主要环节与竞争者相应环节进行比较分析，以识别和形成核心竞争优势。

（3）制定发挥核心竞争优势的战略。企业在市场营销方面的核心能力与竞争优势，不会自动地在市场上得到充分的表现，必须制定明确的市场战略来加以体现。如通过广告传导核心优势战略定位，逐渐形成一种鲜明的市场营销概念，这种市场概念能否成功，取决于它是否与顾客的需求和追求的利益相吻合。

（三）市场定位战略

差异化是市场定位的根本战略，具体表现在以下5个方面。

（1）产品差异化战略。产品差异化战略是从产品质量、产品款式等方面实现差别。寻求不同的产品特征是产品差异化战略经常使用的手段。产品质量是指产品的有效性、耐用性和可靠程度等。产品款式是产品差异化的一个有效工具，对汽车、服装、房屋等产品尤为重要。

（2）服务差异化战略。服务差异化战略是向目标市场提供与竞争者不同的优质服务。企业的竞争力越能体现在顾客服务水平上，市场差异化就越容易实现。如果企业把服务要素融入产品的支撑体系，就可以在许多领域建立针对其他企业的"进入障碍"。因为服务差异化战略能够提高顾客购买总价值，保持牢固的顾客关系，从而击败竞争对手。

（3）人员差异化战略。通过聘用和培训比竞争者更为优秀的人员以获取差别优势。市场竞争归根结底是人才的竞争。一个受过良好训练的员工应具有以下基本的素质和能力。①能力：具有产品知识和技能。②礼貌：友好对待顾客，尊重和善于体谅他人。③诚实：使人感到坦诚和可以信赖。④可靠：强烈的责任心，保证准确无误地完成工作。⑤反应敏锐：对顾客的要求和困难能迅速地做出反应。⑥善于交流：尽力了解顾客，并将有关信息准确传达给顾客。

（4）形象差异化战略。形象差异化战略是在产品的核心部分与竞争者雷同的情况下塑造不同的产品形象以获取差别优势。对个性和形象进行区分是很重要的，个性是公司确定或定位企业与产品的一种方法。形象则是公众对企业与产品的认知方法。企业或产品想要成功地塑造形象，需要着重考虑3个方面，一是企业必须通过一种与众不同的途径传递这一特点，从而使其与竞争者区分；二是企业必须产生某种感染力，从而触动顾客的内心感觉；三是企业必须利用可以差异化的重要途径。

（5）促销方式差异化战略。促销方式差异化战略是试图采取不同的广告宣传方式，以求占领不同的细分市场。企业要持续保持促销方式的差异化，就需要不断抓住客户需求，并恰当地利用先进技术手段。

附录3　品类界定方法和品牌定位方法

一、品类相关概念

（1）品类。消费者心智中对多种事物、多种商品或多个品牌背后，某种共同资源的集中认同，即形成品类。

（2）心智资源。在消费者头脑中能够影响其对品类选择，能够充分反映消费者价值观的固有概念（包含习惯、传统、生活方式、文化教育形成的价值观）。

（3）品类的价值。功能价值：反映消费者认识的品类功能效用。如汽车需要提供安全；社会价值：切合主流文化，反映品类的社会贡献。如无氟冰箱的绿色环保；情感价值：是品类引发人们情感共鸣的效用。如钻饰激发恒久爱情的联想；认知价值：消费者熟悉的符号、形象载体。如"V"表示胜利，ok表示好的；条件价值：指品类在某个特定场合的效用。例如，在家里吃和路雪冰激凌是享用它的功能价值，而在电影院请人吃则有款待别人的含义，因而具有较高的条件价值；

（4）品类属性。某一品类在群体消费者心智中，直接反射出的事物所能提供利益的集合。

（5）品类特征。品类属性确立了品类功效利益的共性，为了实现这些功效利益产生的一系列物理性状和审美共识就是品类特征。即形、色、质、构、动、性。

（6）文化衍生品类。品类是固有的，需要去发现，而不是去创造。

二、品牌定位理论

（1）品牌定位概念。确定本品牌在顾客印象中的最佳位置（相对于竞争对手在顾客印象中的位置），以实现公司潜在利益的最大化。

（2）品牌定位流程（附图6-4）。

附图6-4　品牌定位流程图

（3）品牌定位方法（附图6-5）。

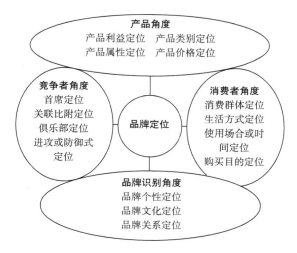

附图 6-5　品牌定位方法图示

附录4 品牌符号设计相关知识点

一、品牌符号的设计原则（附图6-6）

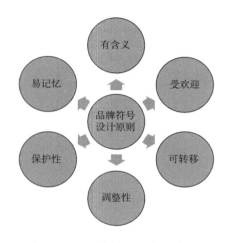

附图6-6 品牌符号设计原则图示

二、品牌名称设计

（一）品牌名称的类型

（1）描述性：五粮液、云烟。

（2）启发型：立白。

（3）组合型：奇瑞QQ。

（4）古典型：露华浓。

（5）随意型：椰树椰汁。

（6）新颖型：索尼。

（二）品牌名称设计的标准

（1）体现或暗示商品核心特质，使品牌名称与商品呼应。一个成功的品牌名称能直接或间接地传递商品的独特气质，凸显产品魅力。这不仅能帮助消费者理解品牌，加深记忆，还能使消费者因品牌名称而对商品产生美好联想。

（2）让目标人群喜闻乐见，提升品牌情感。品牌名称让目标人群喜闻乐见，也就是让名称最大化地迎合目标人群在关键需求上的心理偏好。

（3）名称个性鲜明，易于记忆和传播。首先，要避免名称同质化，品牌名称的发音、情感、听觉感受等方向要严格区别于同类品牌、知名品牌和负面词汇。其次，品牌名称要尽量简短且朗朗上口，符合目标人群的阅读习惯。最后，优质的品牌名称还应具备独特气质，能让目标人群在接触品牌名称时产生定向的心理暗示。

（三）品牌命名八大法则

（1）确保能够注册。

（2）暗示品类和服务。

（3）通俗易懂。

（4）用户视角，符合消费者调性。

（5）视觉化、形象性。

（6）有故事、有情怀。

（7）注意品牌联想。

（8）年龄、性别的影响不容小觑。

（四）品牌命名步骤

（1）第一步：界定目标。

（2）第二步：命名。

（3）第三步：初步筛选、剔除比较难读、难理解、已经被使用或已经有比较接近的名称、法律。

（4）第四步：不允许的名称、与品牌定位不一致的名称。

（5）第五步：备选名称调研。

（6）第六步：对最后入选的名称进行研究。

（7）第七步：确定最终名称。

三、品牌标志设计

（一）品牌标志概念

品牌标志是一种"视觉语言"。它通过一定的图案、颜色来向消费者传输某种信息，以达到识别品牌、促进销售的目的。品牌标志自身能够创造品牌认知、品牌联想和消费者的品牌偏好，进而影响品牌体现的品质与顾客的品牌忠诚度。因此，在品牌标志设计中，我们除了最基本的平面设计和创意要求外，还必须考虑营销因素和消费者的认知、情感心理。

（二）品牌标志的类型

（1）文字标志。

（2）图案标志。

（3）图文标志。

附录5 品牌名称和标志设计案例

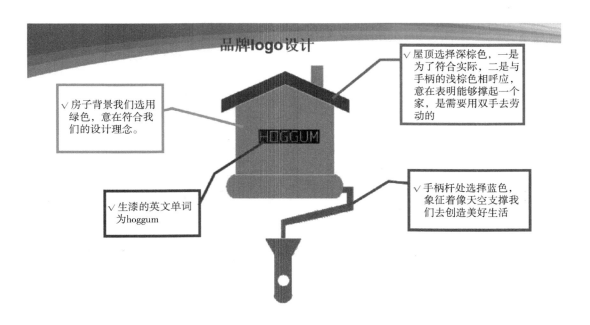

附图 6-7 案例1：漆迹

附图 6-8 案例2：溢朵

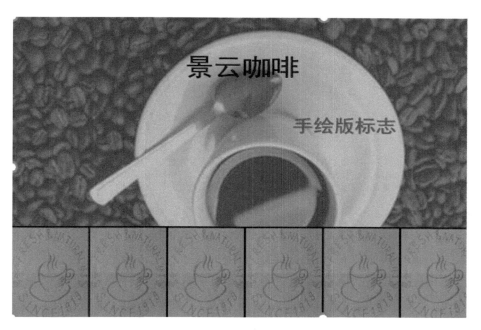

附图6-9 案例3：景云咖啡

附图6-10 案例4：品七堂

logo设计上，我们采用了以红色中国印为总体风格，蕴含温县铁棍山药历来作为皇家贡品，具有悠久文化和深厚历史底蕴。logo以中国红为全景衬托，通透而极具穿透力，意指温县铁棍山药产于中国最具肥沃的怀川之地，得益于温县独特的地理位置和气候环境，如同勤劳智慧的怀川儿女生于斯、长于斯、成于斯，具有极强的生命力。

logo字体分为两部分，在上方"怀百岁"三字使用楷书，温润自信，极具时代特色，充满朝气右侧"铁棍山药"以创意字体为主体，"铁"与"棍"偏旁上下一体，"山"字两侧笔画较粗，中间略细，意指温县铁棍山药在太行山下、黄沁河冲积平原下，根深叶茂，绵延无尽，书法字体笔缝刚劲有力，突出铁棍山药质坚、细腻的特性。

logo左下角河洛交汇隐有太极图形，指温县地处河洛交汇处，产于中国太极拳发源地，则指产地南临黄河，北依沁河的独特地理位置和气候，正是独特无二的地理区位优势才能产出正宗的铁棍山药。

附图 6-11　案例 5：怀百岁

附录6　广告文案结构

广告文案是由标题、副标题、广告正文、广告口号组成的。它是广告内容的文字化表现。在广告设计中，文案与图案图形同等重要，图形具有前期的冲击力，广告文案具有较深的影响力。

（1）广告标题。它是广告文案的主题，往往也是广告内容的诉求重点。它的作用在于吸引人们对广告的注目，留下印象，引起人们对广告的兴趣。只有当受众对标语产生兴趣时，才会阅读正文。广告标语的设计形式有：情报式，问答式、祈使式、新闻式、口号式、暗示式、提醒式等。广告标语撰写时要语言简明扼要，易懂易记，传递清楚，新颖个性，句子中的文字数量一般掌握在12个字以内为宜。

（2）广告副标题。它是广告方案的补充部分，有点睛的作用。主要表现在对标题的补充及解决疑问。

（3）广告正文。广告正文是对产品及服务，以客观的事实、具体的说明，来增加消费者的了解与认识，以理服人。广告正文撰写时内容要实事求是，通俗易懂。不论采用何种题材式样，都要抓住主要的信息来叙述，言简易明。

（4）广告口号。口号是战略性的语言，目的是经过反复和相同的表现，以便名域其他企业精神的不同，使消费者掌握商品或服务的个性。这已成为推广商品不可或缺的要素。广告口号常有的形式：联想式、比喻式、许诺式、推理式、赞扬式、命令式。广告口号的撰写要注意简洁明了、语言明确、独创有趣、便于记忆、易读上口。

附录7 广告文案案例赏析

案例1 怀百岁广告策划

1. 怀百岁广告文案

（1）视频文案

标题：怀百岁山药，妈妈的味道

广告正文：

每个人记忆中都有一个味道，或许是外婆身上的中药味，或许是爸爸手尖淡淡的烟香，又或许是前排女神的薰衣草香。而我，钟爱妈妈那口山药排骨汤。

小时候，身子弱经常生病，医生说只能靠食补。所以妈妈搜集了各种食谱，常煲汤给我。山药，性味柔弱，补气养血，补虚抗衰。妈妈说，山药排骨汤的山药一定要用铁棍山药营养才到位，味道才正宗。

你有多久没吃过妈妈做的饭了？

你又有多久没给妈妈做过饭了？

常回家看看，老妈永远都在家等你。

（2）广播广告文案

标题：怀百岁山药，送礼佳品

对话式广告正文：

A：哎，小刘，怎么这几天愁眉苦脸的？

B：唉，周末要去丈母娘家，不知道带点什么，愁死我了。

A：带怀百岁铁棍山药啊，怀百岁有山药棍，山药片，山药粉。不仅种类多，包装还方便。山药切片成袋真空包装，煲汤煮粥，开袋即用。此外，铁棍山药抗衰老、增强免疫功能。并能预防和减缓恶性肿瘤、糖尿病、动脉硬化、心脏病、老年痴呆症等，是见丈母娘良品啊。

B：谢谢兄弟，我现在就去买。

案例2 送呗广告脚本

地点：教室

时间：下午

人物：一位授课教师，一位等包裹的女生，一群学生

诉求点：

送呗 APP 是较为流行的手机软件产品,广告中运用大学生的日常生活情景(附图 6-12、附表 6-4),与取件难的实际问题相结合,突出了其"让你无忧"的产品特点。首先从 3 个大学生活的不同场景,充分体现产品的需求性和推广性;然后以脍炙人口的宣传标语达到产品品牌的功效定位;最后以一帧照片墙和产品的二维码结尾,以本校高颜值学生兼任小呗,使校内学生更加熟悉,消除陌生感,拉近了彼此间的距离,从而打动顾客,激发消费者的使用欲望。

附表 6-4 镜头列表

镜头	景别	画面	字幕及对话部分
1	远景	一群学生坐在教室里听老师讲课	
2	远景		啦啦(手机铃声)
3	近景	女主抬头偷瞄老师并从桌框中取出手机查看	
4	近景	女主开始坐立不安	
5	近景	老师注意到女主后,严肃询问	"哎!这位学生,你在干什么!"
6	近景	女主满脸尴尬和不安地辩解	"老师,是这样的,我有一个包裹到了,它对我很重要,可送快递的人马上就要下班了,怎么办呀?"
7	近景	老师得意笑道	"唉,这位学生一看就没好好听课吧,来,学生告诉她怎么解!"
8	远景	全班齐声说道	"找小呗代拿呀!"
9	近景	女主疑惑问道	"小呗是谁呀?"
9	近景		送呗,让你无忧课堂!

附图 6-12 送呗广告策划文案与分镜头脚本

策划说明：

产品推广要求提供结合实际，真实可信的故事，已在广告中表达出。本广告旨在演绎大学生沉浸于书海的闲情逸致，游玩在外的愉快心情，苦学于课堂的专心致志，从而需要一款产品解决他们取件问题。面对大学生这个庞大的消费群体，他们的消费理念势必会影响消费市场的发展，因此充分体现产品的实用，才能刺激大学生这个消费群体的使用率。本广告使用大学生亲身经历作为策划背景，并运用大学校内场景，以广告的形式表达，可谓是充分地接地气。相信看到此广告的消费者都能产生一种共鸣，并愿意接受送呗这款产品。

第 7 章

产教融合实验室建设的思考

本章提要： 本章分析了经济管理学院实验教学中心的现状及其发展历程，明确了虚拟仿真教学中心建设的经验，指出了学院实验实训教学中存在的主要问题，主要依据《关于深化产教融合的若干意见》的精神，顺应创新创业趋势，提出了构建产教融合创新创业开放式基地的战略目标、原则、框架、任务和保障措施。更难能可贵的是基于本教程建构了产教融合创新创业通识实习模块，实现了战略的近期目标。

7.1　经济管理学院实验教学中心现状

学院实验中心源于 2000 年建成的经管实验机房，当时拥有计算机 50 台，2004 年和 2009 年两次共获得 400 万元中央地方共建专项经费的支持。目前，实验教学中心固定资产账面总值约 403 万元，共拥有计算机 300 余台，3 个曙光服务器，经济管理类专业实习软件 11 个，辅助教学软件 6 个（多媒体控制系统），初步形成了以经济管理虚拟仿真教学中心为核心，以计量统计实验室、ERP 沙盘实验室、电子商务创新创业实验室、企业管理实验室、会计手工实验室和林业政策研究实验室 6 个实验室为支撑的实验室体系。目前学院实验室按照专业基础、专业技能和综合能力 3 个层次，构建具有全新功能的、充分满足项目需要的实验教学平台，如图 7-1 所示。

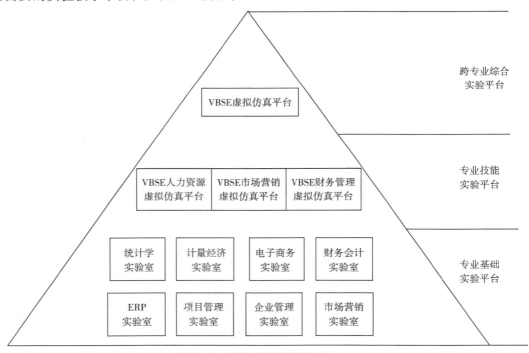

图 7-1　学院实验教学体系

专业基础实验平台。依托专业课程理论学习后通过该平台的学习，深化学生对专业理论知识的理解，培养实验思维能力和掌握相关的实验技能，熟悉本专业及相关专业的工具软件的使用。

专业技能实验平台，依托专业基础学习后通过真题真做（学生在专业技能实验平台上，按照指导老师的科研课题、校企合作单位实际项目，提出具有可操作性的解决对策和解决方案，全面提高学生本专业的综合实验能力）、假题真做（学生在专业技能实验平台，按照指导老师设定的实验环境、边界条件，根据本专业的理论知识，提出具有可操作性的解决对策和解决方案、并进行对抗性演练）的形式全面提高学生的实验动手能力。

跨专业综合实践平台，依托专业技能实验平台，为根据企业内部全景仿真实训平台，主要实现以生产制造公司主要业务为主体的，包括交易相关者、市场管理机构和市场服务机构在内的全产业链利益相关者互动的全程模拟。学生通过在多类社会组织中从事不同职业岗位"工作"，训练在现代商业社会中从事经营管理所需的综合执行能力、综合决策能力和创新创业能力，感悟复杂市场营销环境下的企业经营，学会工作、学会思考，从而培养自身的全局意识和综合职业素养。

学院实验室及中心每年为全校12个本科专业、7个研究生专业的学生和社会培训学员（约2000余名）开设实验课程32门，实验项目120个，包含演示验证型、流程模拟型和综合创新型等实验类型，年实验人时数86 400课时，经济管理学院实验室基本情况如附录1所示。

7.2 经济管理虚拟仿真教学中心建设的经验

7.2.1 完善中心管理制度框架，确保中心规范化运行

经济管理虚拟仿真教学中心贯彻教育部《高等学校实验室工作规程》和《高等学校专业实验室评估标准（试行）》的基础上，严格执行《高等学校仪器设备管理办法》《西南林业大学实验室管理办法》《西南林业大学实验教学管理规定》等规定。同时教学中心还制定有《实验室管理人员岗位职责》《实验室辅助管理人员岗位职责》《实验指导教师岗位职责》《学生实验守则》等实验中心的管理规章制度，日常管理做到人员职责分工明确，设备台套账相符，使用记录完整，卫生清洁定期规范。目前，实验中心已经建成一个体制规范、管理科学、教学条件优良、环境优美的人才培养基地，达到了云南省虚拟仿真实验教学中心建设要求，并为申报国家级虚拟仿真教学实验中心打下良好基础。

7.2.2 走出去对接兄弟院校，强化实验师资队伍建设

为开发和优化配置实验室资源、增加教师的教学和管理经验、提高师资水平和资源使用效益，实现教育发展目标和人才培养目标，中心多次派教师到其他高校的优秀实验室进行参观学习、交流培训。积极推动与北京林业大学经济管理实验中心的交流与合作，学习了将"林场"搬进校园的经验，并就双方实验共建和资源共享达成初步

意向。与南开大学经济实验中心交流，探索研究型实验室的建设和师资培养工作，引进南开大学经济实验中心自主开发的"经济学实验教学系统"软件。派出师资到省内外高校参观学习。参观了云南财经大学中华职业学院、云南省经济管理学院和宁波大红鹰学院的虚拟仿真实验教学中心，学习了实验室建设布局、课程开展和师资配备。积极参加实验室建设研讨会。参加2015年云南省高校虚拟仿真实验教学中心建设研讨会、2015年全国高校虚拟仿真实验教学中心建设经验交流会和2016年国家级虚拟仿真实验教学中心研讨会。

7.2.3 推进学生跨专业综合实训，保障综合性应用型人才培养

中心坚持"基础性、综合性、创新性、开放性"的实验教学理念，围绕学校对经管类人才"综合性应用型人才"的培养目标定位，依托虚拟商业社会环境（VBSE）跨专业综合实训着力构建"演示验证—流程模拟—综合创新"3个层次复合实验实训体系，实现了"把企业搬进校园，校企联动育人才"为建设理念，以制造企业典型业务为主线，以财务部门的各岗位技能培养为目标，为学生提供高仿真的企业工作环境、业务流程、业务数据，让学生通过任务驱动、角色扮演等方式的演练，理解企业生产经营业务与财务处理之间的逻辑关系，掌握各岗位财务技能，熟悉各财务岗位之间的协同关系。每年有1000余人的学生在虚拟仿真中心完成实训，帮助学生成为"知岗位、懂业务、熟工具、擅沟通、强实战"的复合型人才。让学生在企业仿真工作的情境下，通过团队协作与沟通共同完成本公司业务，培养学生的创新思维，提高学生综合职业素养，全面促进学生"理论—实践—创新"和"知识—能力—素质"全面协调发展。

7.2.4 多途径提升中心开放共享，学科集群优势开始凸显

2015年中心与校团委合作联合推动"阿里巴巴—西南林业大学跨境电商人才培育基地"建设项目，探索"双创"教育的人才培养模式，600名学生参加培训，已有320名学生通过跨境电子商务培训考核。2016年，中心投资6.5万元建设电子商务创新创业实验室，提供电商运营创业真实环境，营造创新创业良好氛围，提高学生创业创新素质，重点培育云南高原特色农产品和云南高原芳香产品电商团队。中心承办经管职业技能大赛，包括创业计划大赛、市场调研大赛、大学生模拟招聘大赛、ERP企业沙盘模拟大赛、"经视之作"营销广告微视大赛、商务谈判大赛、模拟炒股大赛，提高了中心利用效率，激发了学生创新创业能力和素养，累积取得国家级、省级奖项20余项。校内虚拟实验与校外基地实训同步推进，在完善校内虚拟仿真实训环境的同时，中心不断强化企业实训基地建设，已与16家企业建立了院企长期合作关系。

7.3 经济管理虚拟仿真实验教学中心存在的问题

由于受体制机制等多种因素影响，以 VBSE 跨专业综合实训为核心内容的教学中心在软硬件方面存在支撑不足的问题，在市场和经管类人才培养的结构、质量、水平上还不能完全适应高原特色农（林）业发展的需要，人才培养供给侧和产业需求侧"两张皮"问题仍然存在，教学中心尚未彰显经管类人才对云南绿色发展的有利支撑和促进作用，突出的表现在以下 3 个方面。

7.3.1 中心相对封闭，资源难以共享，开放性不足

实验室仅限于经济管理学院内部课程实习和专业综合实习开放，满足不了培养学生综合能力的要求。封闭的实验中心很难进行各学科的交叉和渗透，中心的整体优势很难发挥出来。此外，教学中心平时不开放或开放的时间很短，造成学生平时没有机会进行实验、仪器设备使用率低的后果；而且，受教学进程计划的限制，实验教学时段往往集中在每学期的期末，造成仪器设备不够用、分组数减少，导致只有部分学生参与实验，同样给实验室的使用造成忙闲不均，影响了对学生素质的培养。可见，依托互联网和物联网技术打造资源共享平台，建立仿真教学中心开放共享的制度保障体系，打造虚拟仿真教学中心包括课程与实验共享的网络化平台和移动平台成为实验室未来建设的主要着力点。

7.3.2 以课程实验为主，高原特色农林实验不足

实验室主要依托新道、金蝶等公司开发的 VBSE、经营之道等软件主要针对工业制造业企业进行通用化商科的虚拟仿真实习与实训，相对于工业，农林业具有经济再生产和自然再生产的显著特征，其经营对象主要是具有生命的动植物及微生物，其产品在生产、流通、加工和销售过程中有着显著的差异性，土、光、热、温和水等自然环境对农产品品质有着显著的影响，外在的政策制度环境也存在着迥异于工业的特征。所以，针对工业制造业企业开发的相关虚拟仿真软件难以实现对农林业经营主体生产经营管理的模拟。因此，基于既有虚拟仿真平台，融入农林业自身生产、分配和交易的特征，开发针对农林业经营主体的虚拟仿真的二次开发成为农林高校突出产学研特色的必然选择。更为关键的是，软件的开发停留在对企业经营的虚拟化仿真，但尚未实现基于虚拟仿真模拟的二次开发，从而达到指导生产的目的，在产教中实现了由产到教的转变，但尚未实现由教到产的升级。因此，依托 VBSE 综合实训框架，开发针对农林业企业、国家森林公园和自然保护区等主体的虚拟仿真系统和信息化管理平台系统，成为教学中心软实力建设的重中之重。

7.3.3 实验相对封闭，难以实现跨学院和跨学科

创新的特征是高度分化基础上的高度综合，这要求各学科要相互交叉与渗透，以提高人才的综合能力和创新能力。为打破不同专业课程实习的壁垒，提供全产业链环节的岗位体验，提高学生综合技能和素质水平，学院中心采购了新道公司 VBSE 综合实训软件，实现了经济管理跨专业的综合实验实训，但该软件尚未实现跨学院、跨学科使用。随着工作大环境变得越来越趋向于学科复杂化，现实生产问题往往需要跨文工理交叉学科的综合知识学习方能应对，但在学校大多数学生各学各的，不同院系的教学和科研孤立开来。因此，确保学生有机会真正接触外界的多学科合作的工作模式，让学生走出学院，融入理工科课程学习和实践，成为培养学生跨学科技能和提高学生综合职业素养的关键。为此，应立足于学生需求、能力培养和就业问题，整合学校林、工、理、文和商的学科优势，重构基于产教融合的新课程体系，提升教育质量，改进人才培养，对接产业人才需求，成为中心改革的必然抉择。

7.3.4 以服务学生为主，服务企业和社会能力不足

虚拟仿真软件是在虚拟商业运营环境下，实现了对全产业链中供应商、制造企业、商贸企业以及工商局、税务局、银行等内部管理和外部经营的系统化模拟，具有实验实训成本低廉和学生综合素质技能水平提升显著的特点，成为学院开展实习实训提高学生实践技能的主要选择，但虚拟仿真软件往往忽略了企业个性化特征，更多的是从产业与行业方面提炼出企业生产运营的共性特征。因此，最大的问题在于难以实现与企业运营需求的落地对接，难以实现软件的实践性的真正落地，软件实践应用的价值大打折扣，难以依托软件实现对接产业和服务企业的需要，服务社会能力不足的问题也就在所难免。为此，基于学院实验室中拥有的软件平台，针对农林业企业日常生产经营、资源计划、客户管理和财务管理等方面的实际需要，进行软件平台的二次升级开发，真正落地软件企业运营应用，提升企业信息化的管理水平，是中心对接企业需求，提高学院中心和实验室服务社会能力的关键。

7.4 产教融合创新创业开放式基地

2017 年，为克服人才培养供给侧和产业需求侧"两张皮"问题，国务院办公厅下发《关于深化产教融合的若干意见》（以下简称《意见》），深化产教融合，促进教育链、人才链与产业链、创新链有机衔接，在构建教育和产业统筹融合发展格局、强化企业重要主体作用、推进产教融合人才培养改革和促进产教供需双向对接 4 个主要方面进行了战略部署。为此，教育部积极启动了包括新一代信息技术"智慧学习工场（2020）""新金融智慧学习工场（2020）""AI+ 智慧学习"共建人工智能学院项目、"产教融合应用型课程改革试点

院校项目"、西南地区旅游和健康教育扶贫实验项目、互联网+中国制造 2025、数据中国"百校工程"、中美产教融合+高水平应用型高校建设、中兴通信 ICT 产教融合创新基地、国育华渔 VR 世界实验室、科学工作能力提升计划（百千万工程）和高校产教融合创新实验基地等一系列促进产教融合和产学融合的项目，意在实现校企合作和协同育人的目标，有效实现产业、企业人才需求与高校人才供给的匹配。依托经济管理学院虚拟仿真实验教学中心，跨专业、跨学科、跨学院整合学校在绿色能源、绿色食品和健康旅游等方面的设备、人才和资金的优势，积极实施产教融合的创新创业基地建设势在必行，该项目顺应了西南林业大学复合型应用型人才培养的战略定位，响应了产教学研融合和创新创业的高等教育改革的洪流，发挥了学校在创新创业的学科优势，对于实现学校"林理、林工、林文"融合发展具有重大现实意义。

7.4.1 产教融合创新创业开放式基地建设的必要性

（1）响应云南打好"绿色食品牌"践行绿色发展的需要。2018 年，云南省新一届政府打出"绿色能源牌""绿色食品牌"和"健康生活目的地牌"的 3 张绿色牌作为促进云南经济转型发展和绿色跨越发展的战略抉择。云南依托多样的生物资源和良好的生态环境而风生水起的高原特色现代农业，成为促进和实现云南绿色食品产业快速发展的有利支撑。但是，云南省绿色食品产业发展依然存在着"大资源和小产业"的突出瓶颈，绿色食品产业链条短和附加值低等突出的问题。绿色生态创新创业是落实绿色发展理念和推进生态文明建设的关键环节，产教融合创新创业开放式基地建设意在系统模拟消费者和生产者的绿色产品消费与绿色产品生产等经济活动的过程及结果的绿色化和生态化，从绿色消费行为、绿色创业认知、绿色生产模拟、绿色营销策划、绿色融资投资等全产业价值链的视角解构云南绿色食品产业发展的全貌，明确制约绿色食品产业和企业发展制约因素，对促进云南绿色食品产业的发展提供有利的理论和仿真支撑。

（2）推进复合应用型农林人才培养模式改革的需要。2013 年和 2014 年教育部、农业部和国家林业局出台《关于实施卓越农林人才教育培养计划的意见》和《关于开展首批卓越农林人才教育培养计划改革试点项目申报工作的通知》，西南林业大学经济管理学院农林经济管理专业成为首批复合应用型农林人才培养模式改革试点项目单位。产教融合创新创业开放式基地的建设可以实现对院内经济、管理类课程实验资源的纵向打通和校内自然科学类实验资源的横向联合，对设计农林类创新创业过程的典型单位、部门和岗位进行系统模拟，让学生通过角色扮演感知商业环境，熟悉创新创业的不同环节、不同组织、不同职业岗位的工作内容和特性，可以有效提升学生从事创新创业所需要的综合分析能力、决策能力执行能力，对卓越农林复合应用型人才教育培养目标的实现形成强力支撑。

（3）构建云南高原特色农（林）业发展人才支撑的需要。云南省高原特色现代农业是全国现代农业发展的 4 种模式之一，人才这一高级生产要素是实现高原特色现代农业的重中之重。为此，2015 年云南省人力资源和社会保障厅出台了《2015—2020 高原特色农（林）

业紧缺急需人才目录》，提出针对农业技术与技能人才、林业技术与技能人才和市场与管理型人才三大类人才需求的定位。其中，针对市场与管理型人才进一步明确需求的人才类型、专业技术条件要求、专业素质与能力要求和需求程度，从而为农林高校经济管理类学院专业培养方案的制定明确了方向和具体的要求。在28类市场与管理型人才类型中，市场营销类占主体，并对产品和服务从企业到消费者及其后期跟踪的配套服务提出了细化的需求目录，具体包括营销总监、销售经理、品牌经理、渠道经理、联盟经理、市场专员、客户代表、销售代表、商务代表、市场营销人员、UI设计师、电子商务运营总监、市场分析员和CI设计人员。

7.4.2 产教融合的创新创业基地的战略目标和原则

7.4.2.1 产教融合创新创业基地的战略目标

抢抓国家产教、绿色发展和创新创业的战略机遇，依托专业基础实验平台、专业技能实验平台和跨专业综合实践平台，实现学院实验平台向产教融合和创新创业领域的拓展与升级，不断提高地区农林行业知名龙头企业参与学院办学程度，健全多元化办学体制，全面推行校企协同育人，实现专业设置与产业发展对接、人才培养方案与岗位要求对接、教学内容更新与企业技术进步对接，建立快速反应、同步跟进、动态调整的校企合作办学机制，提高学生的精准就业能力，夯实教师的精准创新的能力，最终形成如图7-2所示的"产教"融合创新创业开放式基地的实验教学体系。

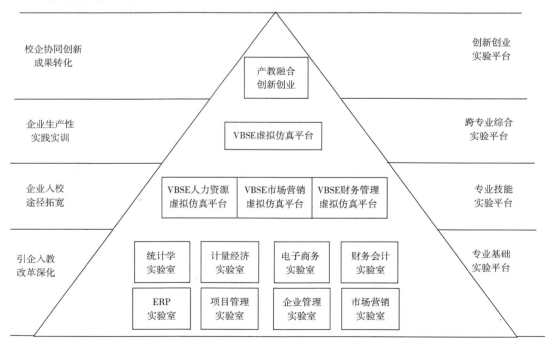

图7-2 产教融合的创新创业基地实验教学体系

(1)近期目标。用 1~2 年时间，依托学院农林经济管理、农村区域发展、经济学、工商管理和经济与金融专业的课程实习和综合实习，秉承绿色发展及创新创业过程理论与实践相结合的课程的教学改革导向，整合学院实验室资源，打通学院专业壁垒，提高 VBSE 跨专业综合实习和实训效果，配套完成《农林经济管理创新创业实训教程》的编写及出版，初步构建响应绿色发展和创新创业课程的实践实验实训的体系。

(2)中远期目标。用 3~5 年时间，依托学院经济管理虚拟仿真教学中心，落地国务院办公厅《意见》的战略部署，构建以产教融合的创新创业通识实习模块为主体，以产教融合创新创业专业实训模块和产教融合绿色创新发展研究模块为两翼的战略框架布局，对接新道、阿里巴巴、金蝶、京东等教育信息化和互联网 + 龙头，地域性产业大中型企业及中小微企业，逐步提高企业参与办学程度，健全多元化办学体制，全面推行校企协同育人，形成产业、教育和科研统筹融合、良性互动的发展总体格局，健全完善需求导向的人才培养模式，聚焦教育部"产教融合应用型课程改革试点院校项目"、西南地区旅游和健康教育扶贫实验项目、科学工作能力提升计划（百千万工程）、高校产教融合创新实验基地和企业支持的产学合作协同育人项目，完成 1~2 项国家级产学研融合项目的申报、论证、立项、建设、评估和认定工作。

7.4.2.2　产教融合创新创业基地的战略原则

(1)统筹协调，共同推进。将产教融合作为高等教育改革的重要抓手，快速响应国家产教、产学和产学研统筹融合发展的战略号召，综合采取学校自上而下和学院自下而上协同的推进的方式，将融入经济转型升级各环节，贯穿人才开发全过程，形成"政府 + 企业 + 学校 + 学院 + 行业社会"协同推进的工作格局。

(2)服务需求，优化结构。面向云南绿色能源、绿色食品和绿色旅游健康产业和云南高原特色农（林）业发展的需求，紧密结合《云南省（2015—2020）高原特色农业紧缺急需人才目录》中市场和管理类人才需求，完善和优化学院资源布局，加快人才培养结构调整，创新教育组织形态，促进教育和产业联动发展。

(3)院企协同，合作育人。充分调动各类企业参与产教融合的积极性和主动性，强化政策引导，鼓励学院各教研室和教师依托课程资源先行先试，引企入校和引企入教，协同推进校院企协同育人，促进供需对接和流程再造，构建校院企合作长效机制，实现教育链、人才链与产业链、创新链有机衔接。

(4)创新管理，开放共享。以学生需求和兴趣为中心，建立完备的开放性实验管理制度、开放管理系统和网络化的实验教学平台，实现实验内容、实验时间和实验场地的充分开放，促进学生扩展性思维和创新能力的发挥，使学生学习变被动为主动，增强实践教学效果。

7.4.3　产学融合创新创业基地的战略框架及任务

7.4.3.1　产教融合创新创业开放式基地建设的战略框架设计

基地由产教融合创新创业通识实习模块、产教融合创新创业专业实习模块和产教融合创新创业发展研究模块 3 个模块组成，主要依托 VBSE 跨专业综合实训平台、农林跨专业综合实训平台（待开发）和云南绿色发展综合评估平台（待开发）3 个实践应用平台，由内至外和从下而上逐步实现从产到教、产教互动和产教创新的融合（图 7-3）。

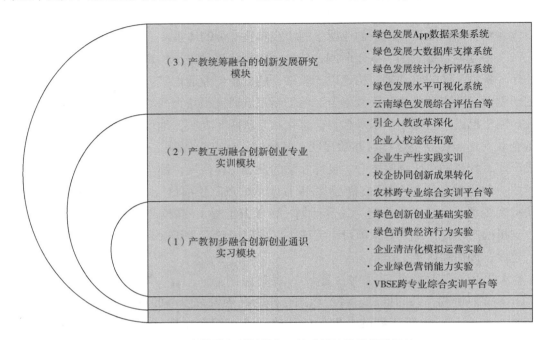

图 7-3　产教融合创新创业开放式基地战略模块设计

（1）产教融合创新创业通识实习模块。以 VBSE 综合实训平台为主体，包括创新创业基础实验子项目、绿色消费经济行为实验子项目、企业清洁化模拟运营子试验、企业绿色营销能力实验子项目和农林跨专业综合实验实训平台项目。该项目意在顺应创新、创业"双创"教育的大势，整合学院经济学、项目管理、市场营销、统计学和证券投资理论与实务等专业核心课程的课程实习以及各专业综合实习，依托西南林业大学经济管理省级虚拟仿真实验教学中心，基于农林业特点的 VBSE 综合实训平台的二次开发，为农林经济管理、农村区域发展、工商管理、经济学和经济与金融专业的本科生接触真实商务环境、营造商业虚拟环境和模拟企业生产运营打造农林业经济管理虚拟仿真实验平台，建设集成化学科和专业集群平台，打通学院各专业壁垒，实现跨专业的统筹融合，促进学科专业交叉融合，构建复合型人才培养体系，服务学生的个性化成长，培养适应乡村振兴需要的复合应用型农林人才培养的要求，满足云南省高原特色现代农业急需紧缺的市场与管理型人才的需要。

（2）产教融合创新创业专业实训模块。以农林业经济管理虚拟仿真实验平台为主体，包括引企入教改革子项目、企业入校途径拓宽子项目、企业生产性实践实训子项目和企业协同创新成果转化子项目组成。该项目意在搭建校企和院企合作平台，拓展产教融合、校企合作的宽度、深度和广度，充分发挥农林产业、行业和企业等需求侧的推动作用，建立与企业更加紧密的合作机制，强化与行业大中型和中小微企业的联合、协作和共享，集合政府、企业、院校等多方力量，形成"政府＋高校＋企业"共同促进高等教育供给侧结构性改革的合力，搭建一个将人才培养、技术创新、科技服务和技术转化有机结合的集成性和创新性平台，构建学生复合化的知识和技术结构，促进学校科学定位，特色发展，培养适应云南高原特色农（林）业发展所需的集"文武"一体化的复合化应用型人才。

（3）产教融合创新创业发展研究模块。以云南绿色发展综合评估平台为主体，包括绿色发展 APP 数据采集系统、绿色发展大数据库支撑系统、绿色发展统计分析评估系统和绿色发展水平可视化系统组成。该项目意在整合学校经济管理学院虚拟仿真实验教学中心、林学院云南省高校林业"3S"技术工程研究中心和西南发展研究院在碳汇研究、绿色资源研究、绿色产业研究、绿色发展政策研究、环境与健康研究等领域的资源和人才优势，以绿色发展为目标，以绿色财政、金融和税收政策的宏观研究，绿色产业中观研究，人居环境与居民健康微观研究相结合的绿色研究开放性平台，应用互联网、大数据、人工智能、绿色发展等革命性技术实现跨界、跨学科的统筹融合，面向科技前言推动多学科的交叉重组，加快创建复合学科、交叉学科和新兴学科，联合开发云南省绿色发展系统模拟和决策支持平台，实现对云南省乃至西南地区绿色发展能力和水平的动态化、实时化和立体化的统计、分析、评估与监测。

7.4.3.2 产教融合创新创业基地模块组成

（1）产教融合创新创业通识实习模块。该模块采取"专业基础课实习＋专业核心课实习＋专业特色课实习＋专业集中性实践"统筹融合模式，围绕课程实习和专业综合实习优化方面打造面向全院全校创新创业通识课程体系的建设。该模块课程体系遵循绿色发展的主线，秉承创新创业的"商机识别、案例体验、项目论证、模拟运营、创业生存、创业成长和创业转型升级"过程的主线，围绕绿色发展中消费者绿色消费行为的经济学实验和生产者绿色生产行为的模拟运营两大核心内容，将绿色理念与创新创业深入融合，紧扣云南高原特色农（林）业发展和云南绿色食品发展，遵循创新创业商机识别实验、创新创业案例体验实验、消费者绿色消费行为实验、企业绿色生产运营模拟实验、企业绿色产品认证及绿色营销实验、企业绿色农产品电子商务实验和企业绿色投融资实验的创新创业的内在逻辑，打通学院不同专业、不同课程实习和综合实习壁垒，整合学院相关专业既有课程实验实训，重点依托 VBSE 综合实训平台开展跨专业创新创业虚拟实践，提高课程实习和综合实习效果，该模块体系的实验内容和项目见表 7-1 所列。

表 7-1 产教融合创新创业通识实习模块体系

序号	实验平台	课程名称	实验项目名称	学时	实验类型
1	消费者绿色消费经济行为实验	经济学沙盘模拟实习	消费者食品安全意识及行为调查	32	验证性
2			劣质农产品生产外部性的经济学实验		验证性
3			劣质农产品驱逐优质农产品经济学实验		验证性
4			有机农业市场进入与退出实验		验证性
5			有机农业企业互助互利实验		验证性
6			信任博弈实验		验证性
7	创新创业案例体验调查实验	专业综合实习	食品安全、农业生态化转型和社区支持农业	48	设计研究
8			CSA 消费合作社案例分析与调查		设计研究
9			CSA 生产者调查与分析		设计研究
10			CSA 生产者调查与分析		设计研究
11			CSA 精益创业的商业模式及价值提升		设计研究
12			CSA 参与式质量保障体系及验证		设计研究
13	创新创业项目论证	项目管理课程实验	项目机会分析	16	综合性
14			项目可行性研究及报告撰写		综合性
15			项目财务评价		综合性
16			项目风险分析		综合性
17			项目实施策划		综合性
18	企业生产运营模拟实验	ERP 手工和电子沙盘实习	ERP 沙盘基础知识	8	综合性
19			ERP 沙盘规则讲解		综合性
20			ERP 沙盘教学引导		综合性
21			ERP 沙盘商战经营		综合性
22			ERP 沙盘实战技术		综合性
23			ERP 沙盘绩效评价		综合性
24	绿色产品品牌营销实验	专业综合实习 1 和 2	行业选择和 SWOT 分析	48	创新性
25			产品确立和 STP 战略制定		创新性
26			品牌十倍体系构建及展示		创新性
27			品牌定位设计及展示		创新性
28			品牌传播与推广方案设计及展示		创新性

（续）

序号	实验平台	课程名称	实验项目名称	学时	实验类型
29	绿色农产品电子商务实验	电子商务模拟经营实践	企业店铺设计实训	48	设计研究
30			企业网店运营实训		设计研究
31			零售交易平台实训		设计研究
32					设计研究
33					设计研究
34		电子商务综合拓展实践		48	设计研究
35					设计研究
36					设计研究
37					设计研究
38	创新创业跨专业综合实训	VBSE综合实训	综合实训动员会、环境布置	48	综合性
39			综合实训规则讲解、年度预算		综合性
40			第一次订货会、第一月经营		综合性
41			第二月经营、第三月经营		综合性
42			专题讲解，第二次订货会……		综合性

注：实验类型包括演示性、验证性、综合性、设计研究和创新性。

（2）产教融合创新创业专业实训模块。该模块采取"引企入教、引生入企"双向互动模式，依托卓越农林复合应用型人才培养模式改革试点，围绕校企业合作育人教学形态变革方面重点打造产教融合创新创业特色课程体系建设。该模块课程体系是为响应《意见》创新教育培训服务供给要求，通过校企全方位合作，围绕行业分析、专业调研、培养方案设计、实践教学方案设计、师资能力提升、教学资源建设、学生联合培养、创新创业实践、线下线上教学融合实践等内容，整合校企资源、联合开发立体化和优质化的教育资源，开展教学形态变革与人才培养能力提升建设工作，实现企业资源的全方位导入及校企在人才培养全过程的深度结合，强化企业在学校学生创新创业教育中的重要主体作用，聘请理论功底扎实、实践技能丰富的企业员工走进课堂、接近学生，采用短期培训、讲习班等形式，让区域骨干企业尤其中小微企业的CEO、CFO和COO等重要成员充分参与课程授课和实训试验，促进企业需求融入人才培养环节，形成以企业和市场人才需求为导向的产业技术课程、职业培训包为主体的动态化专业培养方案，打造产教融合的创新创业的新模式，并依托VBSE综合实训通用性平台，重点打造和开发针对农林业企业、国家森林公园和自然保护生产运营特征的虚拟仿真实验平台，实现学校创新创业教育从少数向多数、从后端向全程、从传统向新兴、从独立向协同、从内部向外部的转变，产教融合创新创业专业实训模块体系见表7-2所列。

表 7-2 产教融合创新创业专业实训模块体系

序号	课程名称	主要内容	培养目标	合作方
1	企业创新创业实践大讲堂	主要依托西南林业大学校友会资源，选择创新创业的典型案例，让创新创业者及其企业走进课堂；如青苹果文化传播有限公司、润土帮帮城乡互助消费合作社、农人茶坊股份有限公司和云南农垦集团高原特色股份有限公司等	创新创业基本素质能力、意识启发、商机识别、商业盈利模式设计、风险认知及评估、市场调研、融资模式等	校友创办企业和校友所在知名企业
2	农业生态化转型背景下CSA的商业盈利模式和运作机制特色实训课	CSA内涵、缘起、模式和影响因素等基本理论知识内容，CSA本土化发展的现状、困境、出路及前景，以润土帮帮城乡互助消费合作社和润土帮帮商贸股份有限公司为典型案例分析对象，明确CSA城市社区消费者、农村农户生产者、消费合作社等利益相关者的利益联结机制、信任机制构建和盈利模式	明确农业生态化、社会化和绿色化转型的紧迫性、现实性和必然性，了解农业生态化转型可能带来的商机和农林类企业在变革中的历史担当	润土帮帮互助消费合作社、润土帮帮商贸股份有限公司
3	"互联网+"高原特色农（林）产品背景下电子商务实践特色实训课	淘宝店铺开设与运营、京东店铺开设与运营、以农人茶坊股份有限公司为例进行线上自营电商平台App的建立（注册）、运营、商标注册、包装设计、产品价格、渠道拓展和美文撰写，以及大叶种乔木茶为例进行普洱生茶制作工艺过程观摩和体验（鲜叶采摘、静置萎凋、杀青、摊晾、揉捻、结块、干燥等）	绿色农产品电子商务技能培养，依托阿里巴巴、京东、淘宝等平台，学习、掌握并形成自媒体号运营、网上店铺开设的技术和运营能力	农人茶坊股份有限公司
4	农林业经营管理虚拟仿真实验平台（待开发）	依托学院与新道科技股份有限公司的战略合作协议，选择云南高原特色农（林）业、云南自然保护区或国家森林公园等行业知名企业，采取校企深度合作的方式，基于新道实践教学信息化综合开发与管理平台软件（Ⅳ2），开发农林业企业/自然保护区/国家森林公园的经营管理虚拟仿真实验平台，并实现平台的落地，打造具有农林特色的跨专业综合实践教学平台和创新创业实践教学平台，实现"将企业搬进校园、将农林业企业/自然保护区/国家森林公园搬进校园、将信息化平台搬进企业"的目标	通过对真实商业社会环境中典型单位、部门与岗位系统模拟，让学生体验身临其境的岗前实训，认知并熟悉现代商业社会内部不同组织、不同职业岗位的工作内容和特性，培养学生从事经营管理所需要的综合执行能力、综合决策能力和创新能力	新道科技股份有限公司、行业×××知名企业

（3）产教融合创新创业发展研究模块。该模块采取"企业+学校+科研院所+政府"四位一体的耦合协同创新模式，围绕云南省"绿色能源牌、绿色食品牌、绿色健康生活目的地牌"的绿色发展方面的共性问题开展系统性、前沿性、应用性和特色性研究模块体系。该研究模块体系响应《意见》关于构建教育和产业统筹融合发展格局，推动学科专业建设与产业转型升级相适应的要求。依托经济管理学院虚拟仿真教学中心、林学院的云南省高校林业"3S"技术工程研究中心、西南绿色研究院（绿色发展经济数据库、绿色发展政策数据库和绿色发展案例库）等部门的人才和资源优势，打通学校"林理、林工和林文"不同职能学院和学科壁垒，整合经济管理学院、生态旅游学院、西南绿色发展研究院、林学院和生物多样性研究院在生物质能源开发应用、竹藤资源保护培育加工、农林产品加工和开发、国家森林公园旅游、绿色资源、产业和政策研究的积累性和特色性优势，重点打造和开发云南绿色发展评估平台，该平台汇聚云南绿色发展的区域和行业人才供需、校企合作、项目研发、技术服务等各类供求信息，并向政府机关、职能部门、企业、家庭农场、

合作社等主体提供精准化创新创业发展信息发布、检索、推荐和相关增值服务，提高学校服务地区绿色发展的能力和水平，该模块研究体系见表 7-3 所列。

表 7-3 产教融合创新创业发展研究模块

序号	研究方向	主要内容	宗旨和目标
1	绿色发展	绿色国民经济统计体系、绿色国际竞争力、绿色政绩考核体系、绿色发展理论研究、绿色消费研究、绿色生产研究、绿色技术创新研究和绿色金融研究等方面的科学研究与教育	补充和完善绿色发展中关于绿色消费、绿色生产、绿色技术和绿色金融等方面的基本理论、方法和框架
2	碳汇研究	农林资源固碳经营理论技术、森林生态系统碳汇潜力挖掘与发挥、农林碳汇与生态环境修复、低碳经济与精准扶贫等方面的科学研究与教育	发展低碳经济、开展碳汇领域、交流与合作，服务国家及云南省应对气候变化
3	绿色资源	竹藤科学和技术研究（竹藤资源调查、良种评价、竹藤科普、竹藤科普、竹藤高效培育技术研究与培训、竹藤加工利用）、林下经济研究与开发（林下经济植物的培育与加工技术、林下经济模式）、城市面山生态功能植被与景观构建、盆景艺术创新与发展（盆景材料、艺术造型和制作工艺）	竹藤资源保护、开发与利用，西南特色药用、香料、野生蔬菜等植物资源的培育技术与创新利用，城市、湖泊面山植被恢复、优化和景观构造，盆景产业化生产及产学研开发与利用等
4	绿色产业	绿色产业链优化整合和竞争战略、绿色产业链发展的政治、经济、社会和环境评估与管理、南亚东南亚农林产业链绿色发展路径、国际农林产能合作、大农林三产融合实施路径探索和绿色农林产业链发展项目管理	以绿色大农林产业链发展为突破点，以云南高原特色现代农林产业体系和第一、第二、第三产融合实践落地路径研究为基础，服务云南社会经济和环境发展
5	绿色发展政策	生态文明建设与绿色发展理论与实践、绿色发展公共政策分析、评估、设计，绿色发展制度建设、绿色发展规划，可持续发展、环境治理、气候变化应对、能源经济和低碳经济政策研究与实践	完善生态文明与绿色发展研究的理论与方法，搭建政策分析与设计，提供政策咨询，为云南及国家生态文明建设和绿色发展提供智力服务和人才支撑
6	云南绿色发展综合评估平台（待开发）	绿色发展经济数据库、绿色发展政策数据库和绿色发展案例库；绿色发展 APP 数据采集系统、绿色发展大数据库支撑系统、绿色发展统计分析评估系统和绿色发展水平可视化系统	云南乃至西南地区省级、州市级、县区级地区绿色发展水平和能力的数据的实时采集、统计、分析、评估和可视化呈现

7.5 产教融合创新创业开放式基地保障措施

7.5.1 产教融合体制机制保障

产教融合落实的关键在二级学院机制体制松绑，推进产教融合创新创业开放式基地试点，构建适应区域经济社会发展的产教融合体系，要适应新技术，适应新产业的发展，跟进云南高原特色农（林）和云南绿色发展的重大战略部署，充分利用"林理融合、林工融合、林文融合"办学优势，推进校企联动。积极完善校企合作制度，探索与企业在授课教学、技术研发、学生顶岗实习、毕业生就业等方面的长效合作机制，推进学校复合应用型人才培养校企合作协同育人机制体制建设，实现绿色发展教育链、人才链的供给与产业链、创新链有效对接。

7.5.2 "双师型"师资队伍保障

教育的质量是教师质量的反映，"走出去"与"引进来"的校企业互动是"双师型"师资队伍的关键。一方面是建立教师挂职锻炼、社会实践、参与企业实践性课题研究等长效机制，完善学校教师实践假期制度，支持在职教师定期到企业实践锻炼；另一方面鼓励对产业教师（导师）特设岗位，依法依规自主聘请兼职教师和确定兼职报酬，聘请来自行业和企业的具有丰富实践经验和岗位核心技能的人才担任兼职教师，考虑建立符合复合应用型人才培养特点教师资格标准和专业技术职务（职称）评聘办法。推动学校与大中型企业合作建设"双师型"教师培养培训基地。

7.5.3 基地和平台资金投入保障

资金投入主要用于产教融合的创新创业基地项目的硬件建设和软件建设两个方面。硬件建设包括针对经济管理学院计量统计实验室的改造升级和日常管理维护支出，软件建设主要针对专业实训模块中农林业经营管理虚拟仿真实验平台开发，发展研究模块中云南绿色发展综合评估平台开发，主要依托高等教育部教育司的产学融合协同育人的针对性项目，采取科研团队（提供流程数据采集与优化）、新道公司（提供开发平台和流程模拟技术支撑）和行业龙头企业协同开发的方式。

7.5.4 "产教学研"融合监督评价保障

建立与校企合作"产教学研"深度融合相互匹配的四元参与的监督机制，形成学校、毕业生、用人单位、社会"四元参与"的立体化、科学化人才培养质量评价体系，开展"产教学研"融合效能评价，为教学质量的持续改进提供参考依据，以不断检验培养目标与社会需求的达成度，针对评价结果和行业需求进行适应性调整和优化，强化监测评价结果运用，作为绩效考核、投入引导、试点开展、表彰激励的依据。

附录 经济管理学院实验室基本情况

经济管理学院实验室基本情况

序号	类型	硬件设施	软件设施	课程实验
1	经济管理虚拟仿真教学中心	建设投资300万,450平方米,服务器1台,计算机110余台,9分屏电子屏幕1块,打印机4台、叫号机1台、评价器5台等办公虚拟设备	VBSE3.0综合实训系统、经济学实验教学系统软件	学院7个专业的VBSE综合实习和经济学的实验经济学实习
2	计量统计实验室	建设资金10万余元,300平方米,服务器1台,多媒体控系统1个,投影仪1台,屏幕1个,计算机80余台,桌子40个,椅子80个	SPSS V18.0、运筹学软件、市场营销软件博导V1.2、金蝶经营之道软件	金融学、统计学、证券投资、运筹学课程实习
3	财会管理实验室	建设资金10万元,300平方米,服务器1台,多媒体控系统1个,投影仪1台,屏幕1个,计算机80余台,桌子40个,椅子80个	用友财务软件V1.62、会计基础软件、金蝶ERP财务核算管理K/3V11.0、中普审计软件V8.39	《会计学》《会计电算化》《审计学》课程实习
4	林业政策研究实验室	150平方米,服务器1台,多媒体控系统1个,投影仪1台,屏幕1个,计算机56台	Arcgis V9.3H、SPSS V18.0、Amos软件V18.0、红管家V1.0	林业规划、林业投资项目评估和林业经济系统特有因子分析
5	ERP沙盘实验室	建设资金10万元,多媒体控系统1个,投影仪1个,屏幕1个,ERP手工沙盘14套,桌子18个,椅子46个	—	企业经营手工沙盘模拟实训和项目管理手工沙盘实训
6	电子商务创新创业实验室	建设资金6.5万元,50平方米,计算机8台,商品陈列货架2个	—	提供电商运营创业的真实环境
7	企业管理实验室	50平方米,桌椅6套,多媒体控系统1个		研究生专业课和方向选修课的授课与讨论
8	会计手工实验室	300平方米,多媒体控系统1个,投影仪1台,屏幕1个,手工做账工具15台套	—	会计学课程的手工实验

注:林业经济系统特有因子分析具体包括林业企业技术与知识管理、农林生态产品绿色营销、林木生物资产核算与评估、林权抵押贷款林业贴息贷款、生态补偿与碳汇贸易、林地产权与林地流转等。

参考文献

曹炳汝，晁熳璐，周亚，2014. 社区支持农业的发展理路及其方向 [J]. 贵州社会科学（10）：136-139.

曾红宇，2016. 广告策划与写作实务 [M]. 北京：清华大学出版社.

陈关聚，2017. 项目管理 [M]. 北京：中国人民大学出版社.

陈卫平，2013. 社区支持农业情境下生产者建立消费者食品信任的策略——以四川安龙村高家农户为例 [J]. 中国农村经济（2）：48-60.

陈卫平，黄娇，刘濛洋，2011. 社区支持农业的发展现状与前景展望 [J]. 农业展望（1）：54-58.

陈卫平，许悦，王笑丛，等，2018. 如何让微信帖子更受欢迎？——新农人微信公众号帖子信息特征对在线参与度的影响 [J]. 中国农村经济（6）：118-134.

董欢，郑晓冬，方向明，2017. 社区支持农业的发展：理论基础与国际经验 [J]. 中国农村经济（1）：82-92.

冯丽云，孟繁荣，姬秀菊，2004. 消费者行为学 [M]. 北京：经济管理出版社.

付会洋，叶敬忠，2015. 兴起与围困：社区支持农业的本土化发展 [J]. 中国农村经济（6）：24-32.

高村勋，2002. 消费合作社经营论 [M]. 符纯华，译. 北京：中国农业出版社.

构图君，2018. 手机视频拍摄与后期制作一本通 [M]. 北京：人民邮电出版社.

凯文·莱恩·凯勒，2014. 战略品牌管理 [M].4 版. 北京：中国人民大学出版社.

李和平，2007. 品牌经营与管理 [M]. 广州：暨南大学出版社.

李庐，2009. 开放性经济管理类实验室建设研究 [J]. 国家教育行政学院学报（1）：82-85.

林文声，钟倩琳，王志刚，2016. 社区支持农业的消费者忠诚研究——以珠海市绿手指份额农园为例 [J]. 消费经济（2）：57-62.

刘畅，2018. 创业基础 [M]. 北京：化学工业出版社.

刘芳，2014. 农村统计与调查 [M]. 北京：高等教育出版社.

刘飞，2012. 制度嵌入性与地方食品系统——基于 Z 市三个典型社区支持农业（CSA）的案例研究 [J]. 中国农业大学学报（3）：141-149.

刘林青，2008. 企业战略管理实验实训教程 [M]. 武汉：武汉大学出版社.

邱菀华，2013. 现代项目管理学 [M]. 北京：科学出版社.

施密特，西蒙森，1999. 视觉与感受：营销美学 [M]. 上海：上海交通大学出版社.

石贤超，2016. 用友 ERP 企业运营模拟实训教程 [M]. 北京：北京理工大学出版社.

石嫣，2013. 全球范围的社区支持农业（CSA）[J]. 中国农业信息（13）：35-38.

石嫣，程存旺，雷鹏，等，2011. 生态型都市农业发展与城市中等收入群体兴起相关性分析 [J]. 贵州社会科学（2）：55-60.

史蒂夫·瑞夫金，2007. 品牌命名 [M]. 北京：企业管理出版社.

孙金凤，王文铭，安贵鑫，2014. ERP 沙盘模拟演练教程 [M]. 2 版. 北京：清华大学出版社.

唐十三，谭大千，郝启东，2007. 品类：基于 13 亿消费者心智研究的 13 条品类定律 [M]. 北京：企业管理出版社.

藤田和芳，2013. 一根萝卜的革命——用有机农业改变世界 [M]. 李凡，丁一帆，廖芳芳，译. 北京：生活·读书·新知三联书店.

汪戎，聂元昆，费明胜，2014. 创业基础——大学生创业理论与实务 [M]. 北京：高等教育出版社.

王煊，2015. 新编市场营销理论与实训教程 [M]. 武汉：华中科技大学出版社.

温铁军，2017. 中国农业的生态化转型——社会化生态农业理论与实践 [M]. 北京：中国农业出版社.

吴健安，聂远昆，2014. 市场营销学 [M]. 北京：高等教育出版社.

伍国勇，王秀峰，2012. 农经专业写作 [M]. 北京：中国经济出版社.

肖阳，2008. 品牌传播策划实验——策略、流程与工具运用 [M]. 北京：经济科学出版社.

谢彦明，张连刚，樊有刚，2020. CSA 情境下消费合作社发展的理路、机理与困境——以润土帮帮城乡互助消费合作社为例 [J]. 新疆农垦经济（9）：45-53.

徐君，2008. 企业战略管理 [M]. 北京：清华大学出版社.

薛永基，李劼，2016. 农林业经济管理虚拟仿真实验平台 [M]. 北京：人民日报出版社.

阎满富，王淑娟，崔胜利，2018. 地方本科院校人才培养体系构建的原则、内容及实现路径——以唐山师范学院为例 [J]. 唐山师范学院学报（3）：144-148.

杨波，2014. 我国城市居民加入"社区支持农业"的动机与影响因素的实证研究——基于中西方国家对比的视角 [J]. 中国农村观察（2）：73-83.

伊丽莎白·亨德森，罗宾·范·恩，2012. 分享收获：社区支持农业指导手册 [M]. 石嫣，程存旺，译. 北京：中国人民出版社.

影响力中央研究院教材专家组，2009. 企业品牌塑造的 5 大关键 [M]. 北京：电子工业出版社.

张红,王绪龙,2013."社区支持农业"模式的统筹城乡经济发展作用论析[J].理论学刊(4):65-68.

周飞跃,勾竞懿,梅灵,2018.国内外社区支持农业(CSA)体系的比较分析[J].农业经济问题(7):78-87.

周志民,2015.品牌管理[M].2版.天津:南开大学出版社.

朱明,2018.社区支持农业的研究进展[J].世界地理研究,27(2):106-117.

朱瑞波,2008.广告文案与创意[M].北京:中国纺织出版社.